"十三五"江苏省高等学校重点教材(编号：2018-1-041)
高等职业教育"十三五"学前教育专业规划教材

学前儿童数学教育

(第二版)

主 编 蔡旺庆

南京大学出版社

书在版编目(CIP)数据

学前儿童数学教育 / 蔡旺庆主编. — 2 版. — 南京：南京大学出版社，2019.10

ISBN 978-7-305-22669-4

Ⅰ. ①学… Ⅱ. ①蔡… Ⅲ. ①学前儿童—数学教学—高等学校—教材 Ⅳ. ①G613.4

中国版本图书馆 CIP 数据核字(2019)第 247737 号

出版发行　南京大学出版社
社　　址　南京市汉口路 22 号　　　邮　编　210093
出 版 人　金鑫荣

书　　名　学前儿童数学教育(第二版)
主　　编　蔡旺庆
责任编辑　丁　群　蔡文彬　　　编辑热线　025-83597482

照　　排　南京南琳图文制作有限公司
印　　刷　常州市武进第三印刷有限公司
开　　本　787×1092　1/16　印张 11.75　字数 257 千
版　　次　2019 年 10 月第 2 版　2019 年 10 月第 1 次印刷
ISBN 978-7-305-22669-4
定　　价　40.00 元

网址：http://www.njupco.com
官方微博：http://weibo.com/njupco
微信服务号：NJUyuexue
销售咨询热线：(025) 83594756

视频资源

前言

幼儿园教育是基础教育的重要组成部分，是我国学校教育和终身教育的奠基阶段。幼儿园的教育内容是全面的、综合的和启蒙性的，可以相对划分为健康、语言、社会、科学、艺术等五个领域。各领域的内容相互渗透、相互融合、相互作用，从多个视角、不同经纬潜移默化地促进幼儿情感、态度、知识、技能等方面的全面发展，最大限度地为学前儿童今后进一步学习与生活奠基。

数学教育是幼儿园科学领域的主要内容。幼儿园数学教育的主要目标是引导幼儿对周围环境中的数、量、形、时间和空间等现象产生好奇心，逐步培养数学兴趣，建构初步的数概念，并学习用简单的数学方法解决生活和游戏中一些浅显的问题。幼儿园数学学习的内容一般分为三个序列：(1) 早期数理逻辑经验。该部分内容主要包括分类、对应、排序、模式。(2) 数和量。该部分内容主要包括 10 以内自然数认识、10 以内自然数加减运算、物体量的差异(大小、长短、轻重、薄厚、时间等)、简单计量。(3) 空间与形体。该部分内容主要包括初步空间关系、初步空间方位、常见几何图形的辨认。

数学学科具有高度的抽象性、严密的逻辑性、广泛的应用性和结果的精确性等特点，是促进幼儿数理逻辑思维发展的有效工具，也是幼儿“思辨”能力、审美能力早期启蒙的有效抓手。因此，对学前儿童进行早期数学教育非常必要。学数学是学前儿童学会分析思考、开发探索潜能、提升解决问题能力的重要途径。幼儿园教师如何进行数学教育，促进学前儿童全面发展，培养“完整儿童”及进行“全人格教育”已成为数学教育领域新的研究课题。

本书以研究1～6岁学前儿童学习数学初步知识的认知特点及如何对学前儿童进行数学教育为主要内容。其中既包括对学前儿童数学学习的认知特点的理论阐述，也包括对学前儿童数学教育的目标、内容、途径、方法、数学教育活动设计与组织、各部分数学初步知识教育方法、数学教育评价的研究。

本书具有以下几方面的特点：

1. 内容编写坚持理论与实践相结合。本书具有较强的理论性及实践性。表现在内容上密切联系幼儿园数学教育的实际情况和问题，通过对教学实践活动的举例，加深读者对数学教育理论知识的理解与领会。

2. 关注到数学与其他学科的有机联系。本书涉及许多综合性的学科知识。它与数学、学前儿童教育学、学前儿童心理学、幼儿园环境创设等专业知识都有着密切的联系。例如，它涉及数学学科的相关知识，要求教师对数学概念的阐述要准确。又如，学前儿童数学教育内容和教育目标的确定、教学方法的选择，是以心理学揭示的学前儿童对数、量、形、时间、空间的认知特点以及学前儿童的思维特点为依据的，而数学游戏活动的安排又充分遵循幼儿园环境创设的相关要求，从而科学、有效地解决当下学前儿童数学教育究竟是“教什么”“如何教”“如何学”及“为什么这样教与学”等问题。

3. 注重幼教新思想、新理论的引领。本书不仅注重教师“教”与学前儿童“学”的紧密配合，而且以游戏精神统领数学教育活动。把幼儿园数学课程实施过程转化为具有游戏特征的过程，可让幼儿成为数学学习活动的主体，通过数学游戏的多样性、趣味性和实践性特点，充分激发幼儿参与数学学习活动的积极性、主动性和创造性，在玩耍、合作与快乐的过程中自然而然地完成数学教育任务。

4. 力求建构线上、线下立体化课程资源。本书收录了多个幼儿园数学教学活动的视频资料，全方位、多层次、立体化的建构课程资源。不仅为幼师生碎片化学习提供可能，也为广大教师线上、线下混合式教学提供便利。

5. 充分遵循“项目引领、任务驱动、理实一体、产出导向”等现代职业教育教学改革特点。本书共分为11个项目，包含24个具体任务。每个项目都设计了项目分析、学习目标、案例导入、课后练习等模块。力求做到图文并茂、案例翔实、结构完整、脉络清晰、逻辑性强。

本书主要内容包括学前儿童数学教育概述、学前儿童数学教育的目标与内容、学前儿童数学教育的途径与方法、学前儿童集合概念的发展与教育、学前儿童数概念的发展与教育、学前儿童量概念的发展与教育、学前儿童对几何形体认识的发展与教育、学前儿童空间概念的发展与教育、学前儿童时间概念的发展与教育、学前儿童数学教育活动的设计与评价、学前儿童数学教育活动设计案例等。

本书主要由盐城幼儿师范高等专科学校蔡旺庆老师撰写。盐城市六一幼儿园、盐城市金苹果聚龙湖幼儿园、盐城市机关幼儿园、江苏省阜宁县实验幼儿园、盐城市幼儿园、盐城市童林幼儿园、重庆市渝中区机关幼儿园为本书提供了视频资源。本书可作为职业院校学前教育专业学生的教材，也可作为从事幼教工作的教师的培训用书。本书在编写过程中得到了盐城幼儿师范高等专科学校众多领导以及相关师范院校领导老师们的真诚关心和鼎力相助，在此一并表示衷心的感谢！

由于编者能力水平有限，书中难免存在一些问题与不足，敬请广大读者不吝指教。

编　者

二〇一九年十月

目　录

项目一

学前儿童数学教育概述

项目分析→

对于学前儿童来说，数学不仅能帮助他们解决在生活和游戏中遇到的困难与问题，同时也是促进其抽象思维能力发展的重要工具。学前儿童学习数学有其自身的心理特征，数学学习是对学前儿童心理特点的挑战，是促进学前儿童思维发展的重要因素。早期数学教育对学前儿童发展的意义、学前儿童数学学习的心理特征和学前儿童数学教育的原则是本项目阐述的几个重要问题。在学习时要注意理论与实践相结合，通过日常生活中的观察并分析领悟学前儿童数学学习的相关特征。

学习目标→

1. 了解数学的本质及数学知识的特点。
2. 理解数学教育对学前儿童发展的意义。
3. 认识学前儿童数学概念的发展特点。
4. 熟悉学前儿童学习数学的心理特征。
5. 掌握学前儿童数学教育的基本原则。
6. 领会学前儿童数学教育的基本任务。

案例导入

一位妈妈教女儿在家里学习“一五得五、二五一十、三五十五、四五二十、五五二十五”的口诀。孩子坐在小椅上，乖乖地从头开始背诵。可是背到“三五”时就出错了，一会儿“三五二十”，一会儿“三五二十五”。妈妈马上纠正孩子，让她将“三五十五”连续背诵。当妈妈再次让孩子从头背诵时，孩子记住了“三五十五”，可是背到“四五”和“五五”时，又出错了。妈妈又让她连续背诵。经过 10 分钟左右，孩子终于能完整地背诵妈妈教的口诀。但是整个过程孩子一直处在委屈和被责备的状态之中。

分析：从案例中不难发现，很多家长希望自己的孩子不输在起跑线上，从小就非常重视数学教育，甚至超前教育。案例中家长做法的错误所在是只关注学习的结果，而对于孩子学习数学的价值认识不清，不了解学前儿童数学学习的特点，在孩子不理解乘法的含义的前提下，让其死记硬背，导致孩子对数学学习充满畏惧心理，体会不到学习数学的乐趣。数学学科的本质是什么？它与其他学科的学习有什么不同？学前儿童数学学习又有哪些特征？学前儿童学习数学有何价值？这些问题都是幼儿园教师必须首先要研究解决的问题。

任务一　数学教育与学前儿童的发展

数学教育是学前儿童全面发展教育的一个重要组成部分。近年来的研究结果表明：学前儿童早期有相当的数学发展潜力，社会环境以及家长和教师有意识的、适时适宜的影响，会逐步转化为学前儿童内在的知识、技能和态度。这一发现对学前儿童数学教育提出了新的要求。

一、数学的概念和特点

一般人认为数学就是计算，而事实上，数学有着非常丰富的内涵。几乎每个人在成长的历程中，都会遇到过数数、加减等“数学启蒙”。然而，数学究竟是什么？对这个问题的科学回答并非易事。

（一）数学的概念

数学是研究现实世界的数量关系和空间形式的一门学科。无论是数、量，还是形，涉及的都是事物之间的关系（数量关系或空间关系），而不是事物本身。数学的本质是客观世界事物之间关系的一种抽象结果。

（二）数学的特征

数学和其他学科相比具有五个显著的特征，即抽象性、逻辑性、应用性、精确性和审美性，因而对个人整体素质的发展具有独特的促进作用。

案例分析

某大班教师问小明“2＋3＝5”表示什么意思。他回答“表示2加上3就是5”，可是问他“3＋2＝?”，他就不知道了。

分析：严格说来，小明并没有真正掌握数学。他能熟练地解答数学问题，却不能将其还原为一个具体的问题情境。小明能够进行抽象符号运算的表面现象掩盖不了他理解上的缺陷——他不懂得抽象符号所表示的具体意义。

1. 抽象性

数学的高度抽象性在于，尽管数学起源于现实的世界，但它只保留对现实世界的数量关系和空间形式的抽象结果，而舍弃了其他一切，因此，数学概念没有直接的现实原型。

数学和一般自然科学的区别在于，它研究的不是具体事物自身的特性（如化学性质、物理性质等），而是事物与事物之间的抽象关系，即数、量、形等。数学和具体事物之间既有一定的距离，又有着密切的联系。

数学不仅仅是一种抽象的结果，实际上也是一种抽象化的过程。数学将具体的问题普遍化、抽象化为一个纯粹的数学问题，而对这个抽象的问题的解决又具有实际的意义，有助于解决实际的问题。因此，数学具有双重属性，即抽象性和现实性。

2. 逻辑性

数学揭示客观世界的逻辑关系，同时数学知识本身的体系也具有严密的逻辑性。任何数学知识，都具有逻辑上的必然性。数学知识从简单到复杂，从特殊到一般，从显性到隐性，后面的知识以前面的知识为基础，它们之间环环相扣，循序渐进，螺旋上升。学前儿童只有掌握了数学知识之间的逻辑关系，才能更加深刻地理解数学知识的结构与体系。

3. 应用性

数学应用范围的极端广泛性是数学的重要特点之一，著名数学家华罗庚教授曾指出：“宇宙之大，粒子之微，火箭之速，化工之巧，地球之变，日用之繁，数学无所不在。”我们每天都要和数字打交道。“数学是基础科学的基础，数学是自然科学的基础。”如果没有数学，现代科学技术都不可能获得发展。数学来自现实世界，反过来又广泛应用于现实世界。从生活中简单的技能、技术到天文、地理、物理、化学等学科都要以数学作为工具来获得发展，并且很多新发现、新定律都要依赖数学进行表述。

4. 精确性

数学的精确性主要指数学结论的确定性，同时也指数学定义的准确性以及逻辑的严密性。数学的精确性并不是绝对的，而是相对的，是随着人类认识逐渐深化而不断发展的。精确性要求教师首先要牢固掌握数学知识，准确把握数学定律、公式、结论等。学前儿童数学教育也要求教师对数学教育持科学、严谨的态度，即便是最简单、初步的数学知识，也要认真研究、深刻领会，把握其真正的科学内涵。

5. 审美性

数学的审美性主要表现在：形式的简洁美、结构的对称美以及数形的和谐美等方面。

简洁美主要体现在数学在抽象以后所呈现出的简单形态，即数学的文字语言、图形语言、符号语言。数学的简洁美还体现在用简便的数学方法，解决纷繁复杂的现实问题。

对称美是指整体和各部分之间的匀称和对等。如空间的轴对称、中心对称、时间的周期、数概念中的运算和逆运算，都体现了对称美。

和谐美则表现在数形之间的高度统一与协调。数学教育中的“黄金分割”现象是数学和谐美的集中体现，它广泛存在于儿童生活、学习和游戏中，如长方形、书本、国旗、人体、扑克牌等事物中，都存在黄金分割之美。

学前儿童学习数学，必须从他们生活中熟悉的具体事物入手，逐步开始对它们进行数学抽象。仅仅停留在具体问题的解决不能称之为数学；而不从具体事物的角度出发或者脱离具体实践来教授抽象的数学知识，更是违背了数学的本质属性。

知识链接

恩格斯在其著作《反杜林论》中，对数学的实践本质做了精辟的论述。他写道：“数和形的概念不是从其他任何地方，而是从现实世界中得来的。人们曾用来学习计数，从而用来作第一次算数运算的 10 个指头，可以是任何别的东西，但是总不是理性的自由创造物。为了计数，不仅要有可以计数的对象，而且还要有一种在考察对象时撇开对象的其他一切特性而仅仅照顾到数目的能力，而这种能力是长期以来的以经验为依据的历史发展的结果。和数的概念一样，形的概念也完全是从外部世界得来的，而不是在头脑中由纯粹的思维产生出来的。必须先存在具有一定形状的物体，把这些形状加以比较，然后才能构成形的概念。纯数学的对象是现实世界的空间形式和数量关系，所以是非常现实的材料。这些材料以极度抽象的形式出现，这只能在表面上掩盖它起源于外部世界的事实。……但是，正如同其他一切思维领域中的一样，从现实世界抽象出来的规律，在一定的发展阶段上就和现实世界脱离，并且作为某种独立的东西，作为世界必须适应的外来的规律与世界相对立。”

恩格斯的论述不仅说明了数学的实践本质，而且指出了，数学之所以具有应用性，正是因为它植根于现实世界并反映出现实世界的必然规律，这也正是数学真理性的根源。

二、数学教育对学前儿童发展的意义

数学教育对学前儿童发展的意义和价值表现在以下三个方面。

（一）数学教育可以帮助学前儿童正确认识周围事物

在学前儿童生活的环境中，客观事物虽然多姿多彩、各式各样，但它们都表现为一定的数量，并以一定的空间形式存在着，学前儿童每天接触的事物都与数、量、形有关。

教师应注意，在日常生活中，学前儿童也会遇到许多问题需要他们用数学知识去解决。例如，教师要将一袋饼干分给每组小朋友，而且要每组分得一样多，怎么办？不同的学前儿童会想出不同的解决方法。又如，在户外活动中，学前儿童能正确站位，并按教师的指令进行运动，是因为他们已具有辨认上下、前后、左右等空间方位的经验和能力。可见，学前儿童一边在学数学，一边在用数学。

学一学 · 练一练

在学前儿童已经认识了20以内的数以后，教会他们歌谣：

一只青蛙一张嘴，两只眼睛四条腿，扑通一声跳下水。
两只青蛙两张嘴，四只眼睛八条腿，扑通两声跳下水。
三只青蛙三张嘴，六只眼睛十二条腿，扑通三声跳下水。
四只青蛙四张嘴，八只眼睛十六条腿，扑通四声跳下水。
五只青蛙五张嘴，十只眼睛二十条腿，扑通五声跳下水。

（二）锻炼和发展学前儿童的思维能力

数学知识的逻辑性和抽象性对发展学前儿童的初步抽象逻辑思维能力具有非常重要的作用。在幼儿园数学教学活动中，学前儿童学习的虽然是一些简单的、初步的数学知识，但同样需要学前儿童对感知到的学习材料进行操作和比较、分析和综合、抽象和概括、判断和推理，需要对感性经验进行提升、重组和优化。这既是学前儿童初步数学概念建构的过程，也是学前儿童思维获得发展的必由之路。

例如，数字“2”像小鸭子水上游，教师既可以展示小鸭子在水上游的图片，也可以播放小鸭子在水上游的动画，然后再用实物演示“2”。又如，在幼儿园数学教学活动中，通过学习加减运算，学前儿童需要排除问题中的具体情节，抽象出其中的数量关系，以抽象的方法思考、解决问题。

（三）培养学前儿童良好的学习态度和学习习惯

良好的学习态度是指对学习有兴趣，能积极、主动地参加学习活动。良好的学习习惯是指能较专注地进行学习，能坚持完成学习任务，同时能控制好自己的行为，遵守学习活动规则。

数学教育的目的是调动学前儿童学习数学的积极性和主动性，其具有一定的规则、要求和评判标准，学前儿童需要按要求和规则进行活动。所以，数学教育对培养学前儿童良好的学习态度、学习习惯和规则意识具有重要作用。

小故事

1967 年 8 月 23 日，苏联的“联盟一号”宇宙飞船在返回大气层时，突然发生了恶性事故——减速降落伞无法打开。宇宙飞船不久后便坠毁，宇航员也未能幸免于难。而这一切就是因为工作人员在地面检查时忽略了一个小数点……

任务二　学前儿童数学学习

学习数学具体是指根据教学计划，在教师的指导下，以数学语言为中介，学生掌握数学概念、法则、定理、公式等内容，形成数学活动的经验，发展数学技能和思维能力的过程。然而，学前儿童学习数学具有一定的特殊性。学前儿童的数学概念从萌发到初步形成，经历了一个复杂而漫长的过程。这一切都源于数学知识本身的特点。

一、数学知识的特点

数是对事物之间关系的抽象。而数学知识的实质，是一种高度抽象化的逻辑知识。

（一）数学知识是一种逻辑知识

数学知识所反映的不是客观事物本身所具有的特征或属性，而是事物之间的关系。当我们说有 3 个苹果时，“3”这一数量属性并不存在于任何一个苹果中，而是存在于它们的相互关系中——所有的苹果构成了一个数量为“3”的整体。

因此，学前儿童对数学知识的掌握，实际上是一种逻辑知识的获得。按照儿童心理学家皮亚杰的区分，有三种不同类型的知识：社会知识、物理知识和逻辑数理知识。

1. 社会知识

社会知识是依靠社会传递而获得的知识。在数学中，数字的名称、读法和写法等都属于社会知识。学前儿童数学知识的获得要依靠教师的传授。而物理知识和逻辑数理知识都要通过学前儿童自己和物体的相互作用来获得。

2. 物理知识

物理知识是有关事物本身的性质的知识。物理知识来源于对事物本身的直接的抽象，皮亚杰称之为“简单抽象”。如教师要学前儿童排好队，学前儿童不仅要知道前后方位，还要观察每个人的身高，并按照“由高到矮”或“由矮到高”的顺序来排好队。

3. 逻辑数理知识

逻辑数理知识所依赖的是作用于物体的一系列动作之间的协调，以及对这种动作协调的抽象，皮亚杰称之为“反省抽象”。反省抽象所反映的不是事物本身的性质，而是事物之间的关系。学前儿童对于这一知识的获得也不是通过直接的感知，而是通过一系列动作的协调，具体说就是“点”的动作和“数”的动作之间的协调。例如，如何让学前儿童记住 3 个苹果？如果把苹果一股脑儿给孩子，他会不知所措。如果让他一个一个地数，他可能更容易接受。首先，他必须使手点的动作和口数的动作相对应。其次，是序的协调，他口中数的数应该是有序的，而点物的动作也应该是连续而有序的，既不能遗漏，也不能重复。最后，他还要将所有的动作合在一起，才能得到物体的总数。

总之，数学知识的逻辑性，决定了学前儿童学习数学知识不是一个简单的、记忆的过程，而是一个逻辑的、思考的过程。它必须依赖于对各种逻辑关系的协调，这是一种反省的抽象过程。

学一学 · 练一练

如果学前儿童能借助对于一些物体的认识来学习数字，效果将事半功倍。

1 像铅笔直又长，2 像鸭子水中游，
3 像耳朵两道弯，4 像小旗随风飘，
5 像钩子挂半空，6 像口哨吹一吹，
7 像镰刀割青草，8 像葫芦扭扭腰，
9 像勺子能吃饭，10 像大饼和油条。

（二）数学知识是一种抽象的逻辑知识

数学知识所反映的不仅仅是具体事物之间的关系，还是从中抽象出来的、普遍存在的数学关系。即使是在学前儿童阶段所学习的10以内的自然数，也具有抽象的意义。比如，让学前儿童认识“5”，它可以表示5根铅笔、5朵小花、5粒纽扣、5辆汽车……任何数量是“5”的物体。只有当学前儿童懂得了数字所表示的各种含义后，才能说他真正理解了数字的意义。这不仅需要他们能从一堆具体的事物中抽取出“5”这一数量属性，还要能把这一抽象的计数原则运用于各种具体的事物身上，知道它是一种抽象的数学关系。

学前儿童要能理解数学知识的抽象性，必须具备一种抽象的逻辑思考能力，即要能摆脱具体事物的干扰，并对其中的数学关系进行思考。

二、学前儿童学习数学的心理准备

皮亚杰认为，学前儿童是有逻辑的。学前儿童通过抽象的反省过程所获得的逻辑数理知识，正是其逻辑的来源。这里要解释的是，皮亚杰所说的“逻辑”，包含两个层面，即动作的层面和抽象的层面。学前儿童逻辑的发展遵循着从动作的层面向抽象的层面转化的规律。他通过对学前儿童逻辑的心理学研究发现，一一对应观念、序列观念和类包含观念不仅是数学知识的基础，也是学前儿童基本的逻辑结构。学前儿童思维的发展，特别是学前儿童逻辑观念的发展，为他们学习数学提供了重要的心理准备。

（一）学前儿童逻辑观念的发展

我们以数学知识中普遍存在的逻辑观念：一一对应观念、序列观念和类包含观念为例，考察学前儿童逻辑观念的发展。

1. 一一对应观念

学前儿童在没有学会计数之前，运用对应关系是比较两组物体数量多少的重要方法。学前儿童的一一对应观念形成于小班中期（3岁半以后）。起初，他们可能只是在对应的操作中感受到一种秩序，并没有将其作为比较两组物体数目多少的办法。逐渐地，他们发现过去仅靠直觉判断多少是不可靠的：有的时候，占的地方大，数目却不一定多。而通过一一对应来比较多少更加可靠一些。在小班末期，有的学前儿童已建立了牢固的一一对应观念。一一对应观念的形成就意味着儿童步入了“数概念”学习的征程。

知识链接

学前儿童在小班中期还没有在头脑中建立起一一对应的逻辑观念。皮亚杰做了一个有趣的“放珠子”实验。实验者向学前儿童呈现两个盒子，一个盛有许多珠子，让学前儿童往另一个空盒子里放珠子，并问学前儿童如果一直放下去，两个盒子里的珠子会不会一样多,学前儿童不能确认。他先回答不会,因为后一个盒子里面的珠子很少。当实验者问:如果一直放下去呢?他就会说珠子比前面的盒子多了,而不知道两个盒子里的珠子肯定会有一个相等的时候。可见学前儿童在没有具体的形象做支持时,是不可能在头脑中将两个盒子里的珠子一一对应的。

2. 序列观念

序列观念是学前儿童理解数序所必需的逻辑观念。学前儿童对数序的真正认识,不是靠记忆,而是靠他对数列中数与数之间的相对关系(数差关系和顺序关系)的协调:每一个数都比前一个数多一,比后一个数少一。这种序列不能通过简单的比较得到,而有赖于在无数次的比较之间建立一种传递性的关系。因此,这是一种逻辑观念而不仅仅是直觉或感知。

教学活动

找朋友

活动用具:

两组1~10的数字图片。

活动方案:

按照学前儿童的年龄、接受程度,教师可以设计两套方案。

(1) 教师每次选择6位小朋友,随意分发图片,数字相同者即为"朋友"。

(2) 教师可以列出算式,如2+3=5,则有数字2、3和5的小朋友可以成为"朋友"。

3. 类包含观念

类包含观念是指理解整体包含部分,部分包含于整体,整体大于部分,而部分小于整体。学前儿童只有具备了类包含观念,才能理解数的组成、加减法以及类与子类的关系。

不过,尽管学前儿童已经具备了一定的逻辑观念,并为他们学习数学提供了一定的心理准备,但这些逻辑观念需要依赖具体的动作和形象。如果这些问题是和直接的、外化的动作和形象相联系的,学前儿童才有可能解决。这种现象,正是由学前儿童思维的抽象程度所决定的。

（二）学前儿童思维的抽象性及其发展

皮亚杰认为，抽象的思维起源于动作。抽象水平的逻辑来自对动作水平的逻辑的概括和内化。在一岁半左右，学前儿童具备了表象性功能，这使得抽象的思考开始成为可能。学前儿童能够借助于头脑中的表象，对已经不在此时此地的事物进行间接的思考，能够摆脱时间和空间的限制而在头脑中进行思考，这是学前儿童抽象思维发展的开始。然而，要在头脑中完全进行一种逻辑性的思考，还需要一段相当长的时间。学前儿童虽然能够理解事物之间的关系，但是学前儿童的逻辑思维，是以其对动作的依赖为特点的。抽象水平的逻辑要建立在对动作的内化的基础上，而学前儿童时期正处于这个发展过程中，具体表现为学前儿童常常不能进行抽象的逻辑思考，而要借助于自身的动作或具体的事物形象帮助自己思考。

知识链接

表象思维是学前儿童思维的一个重要特点。人在学前儿童时期的表象能力发展迅速，这对于他们在头脑中进行抽象的逻辑思考有重要的帮助作用。但是从根本上说，表象只是提供了学前儿童抽象思考的具体材料，学前儿童的抽象逻辑思维能力取决于他们在头脑中处理事物之间逻辑关系的能力。

无论是形象还是表象，它们都是对静止事物或瞬间状态的模仿，属于思维的图像方面；而思维的运算方面，即对主体的外部动作和内部动作的协调，才是构成逻辑的基础。学前儿童思维抽象性的发展，实际上伴随着两个方面的内化，一是外部的形象内化成为头脑中的表象，二是外部的动作内化成为头脑中的思考。后者是最根本的。

由于学前儿童尚不能进行完全抽象的思考，他们学习数学必须要依赖于具体的动作和形象。借助于外部的动作活动和具体的形象，学前儿童能够逐步进行抽象的思考，最终达到摆脱具体的事物，在抽象的层次上学习数学的目的。

三、学前儿童学习数学的心理特点

学前儿童逻辑思维能力的发展为其学习数学提供了一定的心理准备。学前儿童学习数学的心理特点具体表现为以下四个方面。

（一）从具体到抽象

数学知识是一种抽象的知识，它的获得需要摆脱具体事物的其他无关特征。例如，学前儿童对于数学知识的理解需要借助于具体的事物，甚至借助于从具体事物的抽象中获得的动作，因而也不可避免地要受到具体事物的影响。比如，如果问一个两三岁的儿童家里有几个人，他可能会回答出“家里有爸爸、妈妈、爷爷、奶奶，还有我”，却回答不出“一共有 5 个人”。这说明这个阶段的学前儿童还不能从事物的具体特征中摆脱出来，从而抽象出数量特征。在做口算题时，很多学前儿童还是不停地掰着手指进行计算。

学前儿童的这些困难不仅出现在小班，在较高的年级也同样存在。大班学前儿童在学习编应用题时，往往会忘记题目的本质的数量关系，而过分注意问题情境的细节。在学习数的组成时，也会受日常经验中的平分观念的影响。不过，事物的具体特征对学前儿童的干扰，随着他们对数学知识的抽象性质的理解会逐渐减少。

（二）从个别到一般

学前儿童数学概念的形成，存在一个逐渐摆脱具体形象，从而达到抽象水平的过程，同时在对数学概念的理解上，也存在一个从理解个别具体事物到理解其一般和普遍意义的过程。例如，教师让学前儿童区分各种不同的东西：2 朵小花、2 个球、2 个布偶……并用分合式记录下来。这时学前儿童对分合式意义的理解还停留于它所代表的那一件事上。当教师问这些东西是否一样时，大多数学前儿童都回答不一样，因为它们表示的是不同的物体。在教师的引导下，学前儿童逐渐认识到它们有相同点：它们表示的都是数量为“2”的物体。

教学案例

某幼儿园大班教师设计了一个活动。

教学目的：练习 10 以内的加减。

教学用具：20 张花朵的图片，10 张红色的，10 张蓝色的。

教学内容：教师出题，让学前儿童指出如何分放不同颜色的花朵图片。

(1) 数花朵。加深学前儿童对 1～10 的印象。

(2) 出题。

教师（一手拿红花，一手拿蓝花）：“我拿了 2 朵红色的小花，6 朵蓝色的，现在我们有几朵小花？”

学前儿童（和教师一起数）：“1、2、3、4……8，有 8 朵。”

教师继续问：“现在还是有 8 朵小花，有 2 朵是红色的，那我应该拿几朵蓝色的小花？”教师把蓝色小花藏在背后。

有的孩子看到教师手里的红花，回答：“2 朵。”有的孩子想了想，说：“不是 2 朵，是 5 朵。”还有的孩子茫然不知所措。

分析：学前儿童学习数学的关键是他们自己能够动手操作，在操作的过程中，学前儿童的手、眼、脑等协调活动，学习操作技能和获得感性经验，从而启迪大脑思维。如果教师只注重自己操作，就不会取得良好的教学效果。

(三) 从外部到内部

学前儿童学习数学可以说是从“数行动”发展到“数概念”的过程,这生动地说明了学前儿童获得数学知识的过程是从外部的动作逐渐内化于头脑中的。

学前儿童最初学习数学时,是通过动作进行的。比如,通过手指学习 10 以内的数字。学前儿童的智力发展体现在手指尖上,其思维的发展也是从动作开始的。教师如果想尽办法,仍无法使学前儿童了解 10 以内数字的概念,不如解放他们的双手,让其通过动手操作实物进行数学学习,激发探索的兴趣。在操作的过程中,他们的手、眼、脑等协调活动,以此学习操作技能,并获得感性经验。

(四) 从同化到顺应

同化和顺应指的是学前儿童适应环境的两种形式。同化就是将外部环境纳入自己已有的认知结构中;顺应就是改变已有的认知结构,以适应环境。在学前儿童与环境的相互作用中,同化和顺应这两个过程是同时存在的,但各自的比例会有所不同。有时同化占主导,有时顺应占主导,二者处于动态的平衡关系之中。

这里需要指出的是,学前儿童在与环境的相互作用中,从同化到顺应,最终达到新的平衡的过程,也就是学前儿童的认知结构发展的过程。但这个过程是通过学前儿童的自我调节作用而发生的。

四、学前儿童数学概念的发展

(一) 数学概念

1. 数学概念的含义

数学概念(mathematical concepts)是人脑对现实对象的数量关系和空间形式的本质特征的思维形式。数学概念反映的是一类物体的本质属性,它舍弃了客观世界中具体事物的物质性质,因此具有相对的独立性。从逻辑学角度看,对数学概念的学习就是要认清概念的内涵和外延;从心理学角度看,学习数学概念就是学会对一类刺激做出同样的反应。

一般来说,数学概念是运用定义的形式来揭示某一客观事物的本质特征。但在这之前,有一个通过一些实例、练习、比较以及口头描述来理解的阶段。比如,学前儿童对自然数的运算结果——和、差、积、商的理解,都要通过实例、练习和口头语言描述来进行。

2. 学前儿童数学概念学习的基本形式

学前儿童数学概念学习主要有概念的形成和概念的同化两种基本形式。

(1) 概念的形成。概念的形成是一个不断发展的过程,是指在对事物进行观察、操作、分析、比较、综合的基础上,先形成感性经验,再形成表象,最后抽象出事物的本质特征的过程,概念形成的过程依赖于学前儿童积极的思维活动,也依赖于教师的评价导向。

（2）概念的同化。概念的同化就是利用学前儿童认知结构中原有的数学概念，以定义的方式直接向其揭示概念的关键特征，从而使学前儿童掌握概念同化的方法。在概念同化的过程中，学前儿童必须积极地参与认知活动，而不是被动地接受知识。

数学概念的形成与同化，必须重视与学前儿童已有的知识经验和生活经验相联系，调动学前儿童的积极性，鼓励他们通过观察、操作、分析等数学思维活动，区分事物的本质特征和非本质特征，经历数学概念的形成过程，实现数学概念的自主构建。

（二）学前儿童数学概念的发展特点

学前儿童数学概念的发展具备一定的特点。教师如果能够掌握这些特点并将其应用于教学活动过程中，将会取得事半功倍、立竿见影的效果。

1. 学前儿童集合概念的发展

学前儿童集合概念的发展具有明显的年龄特征。在 3 岁以前，学前儿童并不能注意集合的界限，也不能注意集合的数量构成。如果拿走物体集合中的几个元素，学前儿童往往觉察不到。这说明他们还没有把物体集合看作一个由有限的元素构成的整体。在 3 岁以后，学前儿童集合概念的发展大致经历了以下三个阶段。

（1）小班（3～4 岁）儿童已能感知到集合的界限，知道集合是有限的，能在感知的基础上，根据物体的外部特征进行简单的分类。3 岁半以后，学前儿童的对应能力迅速发展，能通过一一对应比较物体数量的多少。

这个阶段的特点是：

① 对数量有笼统的感知。他们能对明显的大小、多少的差别有所区分，对不明显的差别则不会区分。

② 会口头数数，但一般不超过 10。

③ 逐步学会口、手一致地对 5 以内的实物进行点数，但点数后说不出物体的总数。

总之，此阶段学前儿童主要通过感知和运动来把握客体的数量，只具有对少量物体的粗糙的数观念，还算不上真正具有了数的概念。

（2）中班（4～5 岁）儿童进入集合的数量感知阶段，能准确感知集合及其元素，能通过计数比较两个集合元素的多少，初步理解集合和子集的包含关系，能看到整体和部分，但对整体和部分之间的类包含关系还不太清楚。

这个阶段的特点是：

① 点数实物后能说出总数，即有了最初的数群的概念。在这个阶段末期开始出现数的守恒观念。

② 这个阶段前期的学前儿童能分辨实物的大小、多少；中期能认识第几和前后顺序。

③ 能按数取物。

④ 逐步认识数与数之间的关系，如有数序的观念，能比较数目大小，能应用实物进行数的组合和分解。

⑤ 开始做简单的实物运算。

与数的概念形成的标志相对照，这一阶段学前儿童所反映出来的特征，表明他们已在较低水平上达到了形成数的概念的指标。

(3) 大班(5～6 岁)儿童进入初步的集合运算阶段，表现在学前儿童已能正确地给物体分类，能理解数的组成并进行加减运算。但这些大多建立在具体形象的基础上，学前儿童头脑中有关类包含的逻辑观念还没有发展完善，他们还不理解整体总是多于部分的。

这个阶段的特点是：

① 掌握 10 以内数的运算。

② 计算能力发展较快，已从表象运算向抽象的数字运算过渡。

③ 序数概念、基数概念、运算能力的各个方面都有不同程度的扩大和加深。一般通过教学，到后期可以学会计数到 100 甚至 100 以上，学会 20 以内的加减运算，个别的学前儿童甚至可以做 100 以内的加减运算。

这一阶段的学前儿童已在较高水平上形成了数的概念，并开始从表象运算向抽象的数的运算过渡。

知识链接

学前儿童计数能力的发展

学前儿童的计数能力体现出他们对数的实际意义的理解程度。同时，通过计数活动，学前儿童的数概念初步形成。学前儿童从 3 岁左右学会数数开始，他们的计数能力的发展，经历了口头数数(口手不一致)、按物点数(口手一致，但说不出总数)、说出总数、按群计数等几个阶段。

(1) 口头数数。3 岁左右的学前儿童在成人的影响下，逐步学会说出个别数字，并能凭着机械记忆，按一定顺序背诵这些自然数的名称，俗称“唱数”。但他们并不理解自然数的意义，往往不能正确地用这些数来表示物体的数量。实质上，学前儿童这时仅仅掌握了数的顺序而非数量的观念。他们的口头数数的能力并不能说明其计数能力的发展水平，而只是一种机械记忆，是计数的最低水平。

(2) 按物点数。这一阶段学前儿童的计数，在初期的显著特征就是不能做到口手一致点数和确定物体的总数。有的学前儿童口里能按顺序数数，手却不能按物一个一个地点，而是乱点；有的学前儿童口手能有节奏地配合，但不是数字与实物一对一的配合，常出现重数、漏数的现象；有的学前儿童手能按实物排列顺序一个一个点数，口里却乱数。因此，不能按物点数实际上就是不会计数，也未形成最初的数概念。

(3) 说出总数。一般来说,4 岁以上的学前儿童大多能说出数量在 10 以内的物体的总数。学前儿童能说出总数,标志着他们已开始理解数的实际意义。学前儿童知道将最后说出的数词作为所数过的一群对象的总体来把握,这说明其已形成了一种最初的数抽象概念。能说出物体的总数,意味着学前儿童计数能力达到了一个新的水平,即形成了最初的数概念。

(4) 按群计数。5 岁以后,学前儿童逐渐发展了自身的按群计数的能力。所谓按群计数,就是计数时不以某个物体为单位,而是以数群(物体群)为单位。如两个两个地数,一五一十地数。这表明数对学前儿童来说已具有更加抽象的意义,因为掌握数群概念是指能将代表一个物体群的数作为一个整体去把握,而不需用实物和逐一计数的方法确定物体群的数量。这种能力要求学前儿童具有一定的数抽象能力,才能在没有实物的情况下,理解数概念,并能进行口头表达。

总之,学前儿童计数能力发展的个体差异很大,而且受教育的影响也很大。有些来自文化水平较高的家庭的学前儿童,在小班就能点数到较多的数目,有的甚至能达到数目守恒。此外,学前儿童的计数能力还会受到各种因素的影响,如物体的大小、空间排列方式、计数方式、数量的呈现方式等。

2. 学前儿童数序和序数概念的发展

数序和序数是自然数序列概念中的两个方面。数序表示每个数在自然数序列中的位置及相邻数之间的大小关系;而序数则是表示事物次序的自然数。

(1) 学前儿童对数序的认识

① 小班儿童从混乱地唱数发展到能逐渐有序地唱数,这是对数序的最初认识。

② 中班儿童在理解每一个后面的数比前面一个数多 1 的基础上,在数与数之间初步建立起了关系,从而形成了自然数列的空间形象,并开始初步理解数的顺序。但这时学前儿童理解两数之间的关系一般是借助实物并依靠计数来进行比较的,而且他们还没有明显地建立起 10 以内自然数列之间等差关系的概念。因此,他们在多 1 还是少 1 的问题上容易出错。

③ 大班儿童已发展形成自然数列的完整概念,能理解三个数的相邻关系和 10 以内自然数列的等差关系。在中班认识了 10 以内数及相邻两数相差为 1 的关系的基础上,大班儿童能够较顺利地认识相邻的三个数及比较三个相邻数的关系。所谓相邻数,是指某数的前面一个数和后面一个数,如 4 的相邻数是 3 和 5,5 的相邻数是 4 和 6。相邻数实际上是自然数列中等差关系的具体体现。

案例分析

欢欢两岁半了。妈妈为了教他数1～10，每次都会教三遍。

第一遍总是妈妈先数，数到10时，欢欢才大喊一声："10。"

第二遍是妈妈先数1，然后欢欢开始跟着妈妈数2～10。

第三遍妈妈让欢欢自己数，欢欢就不理妈妈了。

分析：欢欢并不理解数序的关系。他只是单纯地模仿妈妈的行为，却缺乏对数字和数序的思考。

(2) 学前儿童对序数的认识

一般说来，学前儿童对序数的认识比基数晚，他们能认识"几个"，但要认识"第几个"就较困难了。因为认识序数要在认识基数的基础上进行。当学前儿童要回答第几个的时候，他首先应依次点数，点到"3"的时候，这个"3"就表示一共有3个物体，同时也表示这个物体是排在第三个位置上的。如果没有点数，没有基数的基础，也就无法表示序数（数的位置）。研究发现，3岁左右的学前儿童一般都还没有序数的概念，常常不能区分基数和序数。直到5岁左右他们才能较好地理解和掌握序数的含义。

学前儿童在认识序数时还容易受到基数概念的影响，因为过去他们知道数字表示数量，而现在同样的数字却表示在一个数序中的位置，因而容易混淆序数和基数。

3. 学前儿童认识数的组成的发展

(1) 认识数的组成的意义。所谓数的组成，又称数的分合，是指一个数（总数）可以分成几个部分数，几个部分数又可以合成一个数（总数）。对学前儿童来说，数的组成只是指一个数和两个部分数之间的分合关系。

数的组成在数学上有着重要意义。首先，它反映了数的很多实质性关系：等量关系、互补关系、互换关系。总数可以分成相等或不相等的两个部分数，两个部分数合起来等于总数，这是总数和部分数之间的等量关系。在总数不变的情况下，一个部分数逐一减少（或增加），另一个部分数就逐一增加（或减少），这是部分数之间的互补关系。两个部分数交换位置，总数不变，这是两个部分数的互换关系。

其次，认识数的组成是理解加减运算的基础。数的组成中数群之间的等量、互补和互换关系本身就包含了简单的加减运算。例如，当学前儿童在将7分成5和2及将5和2合起来成为7的时候，就在进行着加减的操作。可以说，数的组成实质上就是一种数的运算。学前儿童认识数的组成，可以为学习加减积累很多感性经验。他们在抽象概念水平上掌握数的组成之间的数群关系，也就直接成为掌握加减中数群关系的基础。

(2) 学前儿童认识数的组成的特点。对于学前儿童来说，数的组成实际上就是一种心理运算。数的组成中包含着组合和分解两个方面，这是一个可逆的过程。同时它还包含着整体和部分的关系，对数的组成的理解需要以类包含的关系为基础。这些是导致学前儿童对数的组成的理解发展较晚的原因。

一般说来，4 岁半以前的学前儿童不理解数的组成；在大班以后他们发展较快，而且正在经历一个从具体到抽象的认识发展过程，即从实物的分合，到图片形象，最后形成对数字符号的理解，逐渐达到抽象的水平。

学一学 · 练一练

数一数，图中有几种动物，分别是什么？有几颗玻璃球？

图 1-1 例题图

4. 10 以内加减运算概念的发展

数的运算实际上是对数量关系的一种运用。学前儿童在生活的早期阶段就已有了对加减运算的最初接触。虽然他们还不会运算，但在生活中会遇到很多加减运算方面的实际问题。这些生活经验为他们学习加减运算提供了重要的基础条件。

(1) 学前儿童加减运算概念发展的一般特点。学前儿童加减运算概念的发展，总的来说是从具体到抽象逐步发展的，它反映了学前儿童思维抽象性的逐渐发展。我们可将其分为三个水平的加减：动作水平的加减、表象水平的加减和概念水平的加减。

① 动作水平的加减。动作水平的加减是指学前儿童以实物等直观材料为工具，借助于合并、分开等动作进行的加减运算。

② 表象水平的加减。表象水平的加减是指不借助于直观的动作，而依靠在头脑中呈现的物体的表象进行加减运算。在其初级阶段，学前儿童还要借助图片等静态形象，逐渐脱离具体形象，以其生活中熟悉的情节唤起头脑中积极的表象活动，从而达到对数量关系的理解并进行运算。

运用表象进行加减是学前儿童学习加减的主要手段。尤其在学前儿童开始学习加减时，以表象为依托的口述应用题，对学前儿童理解加减含义和数量关系以及运算符号和算式等均起着十分显著的作用。

③ 概念水平的加减运算也称数群概念水平的加减运算，是指直接运用抽象的数概念进行加减运算，无须依靠实物的直观作用或以表象为依托。这是最高水平的加减运算。

（2）学前儿童加减运算能力的发展。

① 4岁以前的学前儿童基本上不会加减运算。他们不懂加减的含义，更不会使用"＋""－""＝"等运算符号，也不会自己动手将实物分开或合拢进行加减运算。但他们能解答一些与生活实际联系紧密的应用题。如问：2加1等于几？学前儿童大多不知怎么回答，且对此类问题也不感兴趣。但若问：妈妈昨天给你买了2件玩具，今天又买了1件，你现在一共有几件玩具？学前儿童会马上回答3件。

② 4岁以后，学前儿童能借助于动作（如将实物合并或取走）进行加减运算，但这种运算不能离开具体的实物，而且运算的方法是逐一计数，即通过重新点数总数或剩余数得出结果。他们对于抽象的加减运算如"2加4等于几"不能理解，也不感兴趣。但值得注意的是，4岁以后的学前儿童已经具有了运用初步的表象来进行加减运算的能力了。

③ 5岁以后，学前儿童能够利用表象进行加减运算，在运算方法上，出现了逐一加减。他们能将学到的顺接数和倒数方法运用到加减的运算中去。多数学前儿童可以不用摆弄实物，只用眼睛注视物体而进行逐一加减运算。这种加减运算方法以第一组物体的总数为起点，开始逐一计数，直到数完第二组物体；或从被减数开始逐一倒数，数到要减去的数量为止。但这实际上是顺接数和倒数，还不是按数群加减。在学习加法时，反映出学前儿童掌握大数加小数容易些，小数加大数较困难；在学习减法时，则反映出学前儿童对于减数小易掌握，减数大较难掌握，这就证明了学前儿童采用的是顺接数和倒数的方法。

④ 5岁半以后，随着数群概念的发展，特别是在学习了数的组成以后，学前儿童能运用数的组成的知识进行加减运算，从而摆脱了逐一加减的水平局限，达到按数群加减的水平。学前儿童加减运算方法的进步，实际上反映了学前儿童在加减运算中思维抽象性的发展。

知识链接

在学前儿童加减运算能力的发展中，还有一个重要的特点，就是学前儿童学习减法要难于加法。根据皮亚杰的观点，数的加法运算与类的加法运算需要同样的逻辑基础。加法不是增加，而是合并，并且它是一种可逆的运算。减法作为加法的逆运算，它应该需要和加法同样的逻辑基础，换言之应该能同时掌握。但为什么会出现这样的滞后呢？

事实上,学前儿童掌握加减运算早在形成类包含的逻辑结构之前就已开始了。他们所表现出来的学习加法易于减法的特点,可能是因为:第一,受生活经验的影响。生活中接触加法的机会多,如计数就是从小到大。第二,受运算方法的影响。很多学前儿童都运用顺接数和倒数的方法计算。在加法运算时,可用顺接数的方法来解决;而减法运算时,得用倒数的方法才能解决,学前儿童对此会感到困难。第三,最为根本的一点在于加法是把两个数群合并为一个新数群,在第一加数与第二加数之间无须进行比较,仅在判断"和"的正确性时才涉及三个数群的关系;而减法在一开始就需要对被减数与减数两个数群进行比较,然后又涉及被减数、减数与差三个数群的关系。可见减法中数群的比较和关系比加法复杂。研究表明,学前儿童在掌握数群之间的逆反关系要难于等量关系。因为减法是加法的逆运算,学前儿童用数的组成知识学习减法时,需具备两个数群关系的逆反能力,即将两个部分数合起来等于总数,转换成总数减去一个部分数等于另一个部分数。在解决减法问题时,很多学前儿童运用的是加法而不是减法。如问学前儿童:"小朋友一天共吃了8块饼干,他中午吃了3块,那么他还能吃几块呢?"学前儿童回答:"5块。因为3和5合起来就是8。"可见当加法转换成减法时,需要做一个思维逆转,因而学前儿童学习减法要难于加法。

(3) 学前儿童学习加减应用题的特点。应用题是根据日常生活中的实际问题,用语言表达数量关系的题目。从应用题的结构看,它包括情节和数量关系两个部分,数量关系中又包括已知条件和未知条件。

从应用题的特点看,它与纯粹用数字和符号组成的加减题最大的不同,就在于应用题寓加减问题于情景之中。应用题的情节为学前儿童的表象活动提供了素材,有助于引起学前儿童对熟悉的生活情景的回忆,并用头脑中的表象来理解题中的数量关系。研究表明,学前儿童学习加减应用题,有助于其加减运算能力和一般思维能力的发展。

学前儿童在解答和自编应用题时,通常会表现出以下特点:

① 学前儿童在解答加减应用题时,常受题目情节干扰,他们往往把应用题当作一个故事或谜语,不去注意题中的数量关系和问题,常被题中情节内容所吸引而忘记计算的任务。

② 学前儿童在学习自编应用题时,常因对应用题的结构理解掌握较差而表现出有较大困难。大多数学前儿童不会提出问题,或者直接给出答案,或者缺少已知条件,也有的学前儿童编出的应用题违背生活逻辑或事物发展的规律。

(三) 量的概念的发展

学前儿童在实际生活中逐渐积累了有关物体的量的认识。但这种认识在早期仍带有很大的局限性,主要表现出缺乏分化和不精确的特点。

1. 小班

学前儿童在3岁左右时一般已能感知物体的大小差异,但对于其他的量的差异还不能认识,也不会用词语来表示。他们对于高矮、粗细、长短、宽窄、厚薄等量的差别,都笼统地说成“大”或“小”。这一阶段的学前儿童对量的认识还不具有相对性。他们开始是把物体的大小看作物体的绝对特征(事物的名称),而非比较的产物,逐渐地才学会比较 4 以内的物体的量。

2. 中班

4 岁左右的学前儿童感知量的精确性有了很大提高,能比较精确地区分出高矮、粗细、长短等,并学会用不同的词语表达不同的量。能判断相等量,但还不能达到量的守恒。能按照递增或递减的顺序进行简单的量的排序,但数量多则不行。因为这一阶段的学前儿童还依赖于感知和尝试,而不是依靠逻辑关系推理量的关系。

3. 大班

5～6 岁的学前儿童能够正确地认识并用相应的词语描述物体的量的各种特征,精确性有了较大的提升,对量的相对性有了较好的了解。他们逐渐在逻辑的基础上理解量的序列关系,包括可逆性、传递性、相对性;开始能够正确地排序,而且也不再受知觉范围的局限,有的还能学会排序的策略。此后,学前儿童有可能学习用工具测量,但整个学前儿童阶段的测量还仅限于使用简单工具的测量(自然测量),而不是使用标准工具的测量。由于测量技能本身的要求,学前儿童对于测量的方法、技巧还较难以掌握,因而学前儿童独立、正确地完成测量任务还有很多困难,有赖于教师的示范和指导。

学一学 · 练一练

准备下列教具,认一认,量一量

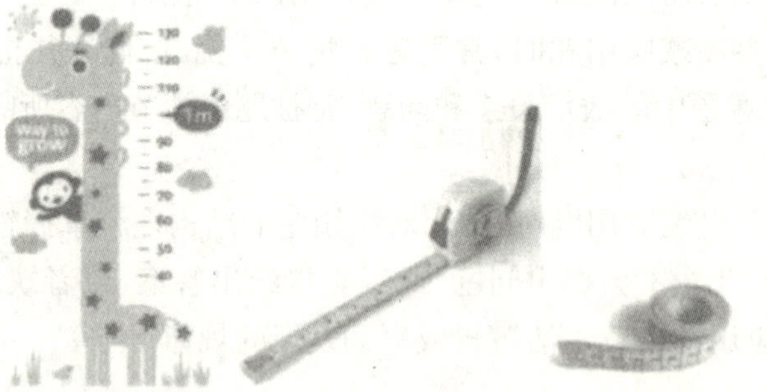

(a) 墙贴　(b) 卷尺　(c) 皮尺

图 1-2　墙贴、卷尺和皮尺

对于不同性质的量,学前儿童的测量观念发展也不一致。如对长度和重量的测量,学前儿童就容易理解:长度可以量,重量可以称。而对于面积、容积等,学前儿童的测量观念和测量技能就明显落后了。这既与学前儿童的生活经验有关，也与这些量本身的测量手段的复杂性有关。

（四）时间和空间概念的发展

1. 学前儿童时间概念的发展

学前儿童时间概念发展的特点是：越是与他们的生活有联系的时间单位，如早上、中午、晚上等，学前儿童越容易掌握；而那些与学前儿童生活联系不紧密的时间单位，如分钟、小时等，则较难以掌握。学前儿童对时间的理解是从和生活联系紧密的“一天”开始的，然后逐渐向更长和更短的时间段延伸。

（1）小班。小班儿童能掌握一些最初步的时间概念，如早上、晚上、白天、黑夜，但对时间的理解往往和生活中的事件相联系，而对具有相对意义的时间观念，如今天、明天和昨天还不能掌握。

（2）中班。中班儿童能知道早晨、白天、晚上、夜里组成一天，逐步能够认识今天、明天和昨天。

（3）大班。大班儿童对时间的认识逐渐向更长和更短的时间段延伸。他们能认识前天、后天，具有“星期”及“几点钟”的概念。但是大班前期的儿童对更大或更小的时间单位还不能掌握。

2. 学前儿童空间概念的发展

（1）空间和时间一样，是客观物质存在的形式。任何物质都存在于一定的空间之中，并且和周围的其他物体存在着空间上的相互位置关系，也就是空间方位关系，一般用上下、前后、左右等词语表示。可见，空间方位是一个关系概念，上下、前后、左右都是相对的。对物体空间方位的辨别，必须以一定的参照物为标准，且根据不同的参照物，就会得到不同的结果。我们平时在判断空间方位时，实际上会采用两种参照系：一是以主体为参照，判断客体相对于主体的空间位置关系；二是以客体为参照，判断客体相互之间的空间位置关系。

（2）学前儿童空间概念的一般特点。学前儿童在理解空间概念时必须通过一个相对的关系来认识，这对于还不具备相对性思维的学前儿童来说是有困难的。学前儿童的空间概念总的来说是从以自我为中心逐渐过渡到以客体为中心的。

知识链接

在教师带领学前儿童做操时，常常发现他们有分不清左右的情况发生。研究表明，学前儿童在认识空间方位关系时，首先把不同的方向与自己本身的一定部位相对应，建立了以下类型的联系：上边是头，下边是脚，前面是脸，后面是背，右面是右手，左面是左手。在学前儿童判断空间方位的过程中，是以自己的身体为出发点的。在此基础上，学前儿童逐渐能做到以客体为中心区分空间方位关系。但由于学前儿童思维具有自我中心状态，他们很难站在别人的立场上思考问题，因此这种能力（尤其是以客体为中心判断左右的能力）在学前儿童时期是很不完善的。

（3）学前儿童空间概念的发展。学前儿童空间概念的发展，既表现为他们认识空间方位时明显的顺序性，也表现为他们辨别空间方位区域的扩展性。

学一学·练一练

搭 房 子

让学前儿童用积木搭房子。教师可以先在黑板上画出一所房子或先搭好积木模型。

① 小班。小班儿童能够辨别上下，并开始学习辨别前后。但他们所能理解的空间方位的区域十分有限，仅限于直接感知的范围内，如自己身体的部位，紧挨自己或靠近自己身体的物体，离自己不太远且正对自己身体的物体，等等。对于不是正对自己身体的物体，他们就不能正确地辨别了。

② 中班。中班是学前儿童空间概念快速发展的时期，他们能够辨别前后，并且开始学习以自身为中心辨别左右，能够辨别离自己身体比较远的物体和稍微偏离上下、前后、左右方向的物体的方位。

③ 大班。大班儿童能够正确辨别上下、前后，他们能把空间分为两个区域，或者左和右，或者前和后；还能把其中一个区域分成两个部分，如把前面分成前面的左边和前面的右边。但是大班儿童还不能完全做到以自我为中心辨别左右，更不能以客体为中心辨别左右。

（五）几何形体概念的发展

形状是物体的一种空间存在形式，而几何形体是对客观物体形状的抽象和概括，它包括平面图形和立体图形（即几何体）。学前儿童认识几何形体，对于他们空间概念的形成具有促进作用。但学前儿童对几何形体的认识受其空间知觉的影响，表现出明显的年龄特点。

1. 学前儿童感知几何形体的特点

学前儿童对几何形体的认识是从感知开始的。在实际生活中，学前儿童积累了他们对几何形体的最初的感知经验。

心理学的研究表明，学前儿童认识物体的形状不只是在视觉感知过程中实现的，同时也通过触摸的动作，并借助语言表达来实现。多种分析器的协同活动促进了学前儿童对物体形状更准确地感知。通过对学前儿童在感知物体形状时眼睛的运动和手的动作的研究发现，3 岁左右的学前儿童感知几何形体的水平较低，他们经常只局限于匆忙的视觉运动，眼睛只注意图形的内部，好像只在观察它的大小，因此不能准确地确定几何形体的形状；5 岁左右的学前儿童才开始注意到几何形体的最典型特征；六七岁的学前儿童逐渐形成沿图形轮廓的眼动模式，可按图形的轮廓制作模型，从而保证其对形状的确切认知。

在运用视觉感知物体形状的同时，学前儿童的触觉也在积极地参与。研究发现，3 岁左右的学前儿童的手的动作更类似抓握；4 岁左右的学前儿童逐渐出现了手掌和手指前部表面的积极触摸运动；5～6 岁的学前儿童可用两手触摸物体，两手相向或分开运动，并开始用指尖触摸，观察图形的整个轮廓，好像在照着物体的形状制作模型。

总之，学前儿童在感知和辨认形状时，采用了不同的表征形式，既有动作的表征，又有形象和语言符号的表征，而手和眼的相互作用促进了学前儿童对物体形状的更准确地知觉。

2. 学前儿童认识几何形体的特点

学前儿童在认识几何形体时，表现出明显的先后顺序。如对平面图形，首先认识的是圆形、正方形和三角形，然后认识长方形、椭圆形、梯形、菱形等；对立体图形的认识顺序是球体、圆柱体、正方体、长方体。学前儿童在认识立体图形时，易和平面图形相混淆。

（1）小班。小班儿童能正确认识圆形、正方形和三角形。但他们不是通过这些形状的特征来认识的，而是将其和自己日常生活中熟悉的物体相对照，所以有的学前儿童会把圆形说成是“太阳”，把三角形说成是“小旗”，等等。

（2）中班。中班儿童能够正确认识的平面图形更多，如长方形、椭圆形、梯形、菱形等，而且能理解平面图形的基本特征（角和边的特征），并根据特征比较不同的图形。

（3）大班。大班儿童已能够认识一种图形的典型特征，并在头脑中形成某种图形的“标准样式”，从而能够根据图形的特征进行正确判断。大班儿童开始认识一些基本的几何体，能正确命名并知道其基本特征。

任务三　学前儿童数学教育的原则及意义

学前儿童数学教育是指学前儿童在家长或教师的指导下，通过自身活动对客观世界中的数量关系及空间形式进行感知、观察、操作、发现，主动建构数学概念、形成数学能力的过程。作为教师，掌握学前儿童数学教育的原则和意义是很有必要的。

一、学前儿童数学教育的原则

数学是研究现实世界数量关系和空间形式的科学。在现实世界中，各种事物都含有一定的数量关系，都有一定的形状，它们在所表现的数和形上的共性即数学研究的对象。对学前儿童进行数学教育须遵循以下几项原则。

（一）全面地理解和认识数学原则

我们要知道，数学不仅仅是一系列的概念、法则和原理，还是一种能力，是一种思考方式，它能够帮助人们认识和理解世界，能应用数学的观点和方法解决身边的问题。例如，我们在为学前儿童设计数学教育课程时，不仅仅只是教会他们数数、加减法，而是让他们掌握算数的能力，喜欢数学，知道数学与生活是密不可分的。

（二）数学学习方式要发生转变原则

一种是从机械记忆为主的学习到主动建构为主的学习；另一种是从符号为主的学习到实际意义为主的学习。现在的学前儿童数学教育不再是机械与被动地对学前儿童进行“1＋1＝2”的公式化的教学，而是让学前儿童主动参与到学习中去，与实际生活相联系。例如，一些幼儿园中设置了“植物园”，可以引导学前儿童去测量一些植物的生长情况。又如，在游戏活动中，也可创设情境，让学前儿童使用数学，如在游戏中，教师假设课堂是超市，让学前儿童学习买卖东西，计算商品的价格，等等。

（三）联系学前儿童实际原则

联系学前儿童实际原则是指学前儿童数学教育知识和技能的选择、教育方法的运用必须要遵循学前儿童的学习兴趣、学前儿童的年龄特点以及学前儿童已有的生活经验。

兴趣是最好的老师。掌握学前儿童的年龄特点，了解他们的兴趣，是对学前儿童进行数学教育的关键。数学教育不能脱离现实生活，因为现实生活是学前儿童形成数学概念的源泉，《幼儿园教育指导纲要（试行）》（以下简称《纲要》）指出：学前儿童一日活动中的各项活动都对学前儿童发展有重要价值，应有机地整合各项活动，努力提高各项活动的整体成效。学前儿童每天接触的各种事物都会和数、量、形有关。

（四）让学前儿童动手操作原则

让学前儿童动手操作原则是指要让学前儿童根据一定的要求与任务，通过自己亲自动手操作实物材料来参与各种数学实践活动而建构数学认知结构。

数学能力不能仅靠教师传授给学前儿童，而应是学前儿童自身积极建构而形成的结果。学前儿童思维的具体形象性特点决定了学前儿童通过动作表征、形象表征、符号表征的过程形成初步的数概念。所以学前儿童形成抽象数概念的基础首先是依靠直觉行动进行思维，需要反复摆弄、操作物质材料。这是在操作层次上的思维过程，能够形成动作表征能力，经过一段时间的积累，学前儿童的思维逐渐上升、内化到形象层次和符号层次，最终形成形象表征和符号表征能力，这是一个由感性经验到抽象概念的获得过程，一个由外部动手操作活动到内部头脑智力活动的发展过程，也是学前儿童认知结构逐渐建构和完善的过程。例如，学前儿童只有通过动手操作活动，才能真正掌握手口一致、按物点数的技能，才能真正理解数的实际含义；学前儿童只有通过动手操作实物，才能理解相邻两数多1少1的关系、单数和双数的实际含义、数的组成的实际含义。

案例分析

小周是某幼儿园的教师，她非常注重因材施教。她在工作日记中这样总结："其实没有所谓的笨孩子。一些孩子或许对课堂上的知识不理解、没学会，原因可能有很多种，孩子不感兴趣、不喜欢、不愿意参与到课堂的现象都是存在的。我首先要做的，是让每一个孩子都参与进来。对掌握快的孩子多鼓励，对掌握慢的孩子多启发。"

分析：学前儿童之间的差异是客观存在的，教师必须从深入实施素质教育，维护教育公平的高度来正确对待学前儿童之间的差异。根据学前儿童之间不同类型的差异实施教育教学，以促进每一个学前儿童的健康、和谐发展。

（五）尊重学前儿童的个别差异原则

学前儿童存在着个别差异。个别差异也称为个体差异，是指一个人由于遗传因素、家庭影响、社会环境的不同，在心理活动过程中表现出来的相对稳定而又不同于其他人的生理、心理特点。它表现为身心特点、行为方式等方面质的差异，也表现为发展速度和发展水平等方面量的差异。

《纲要》总则第五条明确指出："幼儿园教育应尊重幼儿的人格和权利，尊重幼儿身心发展的规律和学习特点，以游戏为基本活动，保教并重，关注个别差异促进每个幼儿富有个性的发展。"每个学前儿童都有自己的优势领域，学前儿童教育必须考虑到这一点。尊重学前儿童身心发展的特点，尊重学前儿童的差异性，促进学前儿童自主发展。

二、学前儿童数学教育的意义

（一）数学素养是21世纪学前儿童必备的科学文化素养之一

数学素养是指人们通过数学教育及自身的实践和认识活动，所获得的数学知识、技能、观念和品质。提高公民数学素养有着极其重要的意义，提高学生"数学素养"已经成为提高全民素质的重要内容之一，也是科技进步与经济建设的需要。

在社会文明高度发展和人才竞争日益激烈的今天，数学人才已经成为当今社会的"宠儿"，世界各国纷纷掀起数学教育改革运动，通过不断精编数学教育内容、改进数学教育方法，提高数学基础教育水平，提高人才数学素养，增强人才综合素质和竞争力。

我们应该根据学前儿童的特点和学前儿童发展的需要，对学前儿童实施适宜的教育，包括培养学前儿童的数学素养，使学前儿童能够真正成为未来世界的接班人和缔造者。

（二）数学教育能培养学前儿童的思维能力和解决问题能力

苏联教育家加里宁以“数学是思维的体操”的主张来验证数学对人的思维发展的重要意义。大量科学研究和实践也证明数学对于训练和提高人的思维能力具有独特的作用。因为数学具有高度的抽象性、严密的逻辑性，教师通过创设良好的情境，激发学前儿童积极参与、主动探索，能够有效提高学前儿童在对应、分类、排序、推理等方面的能力，学前儿童敏捷、灵活的思维能力能够迁移到学前儿童各个领域的学习与发展中去。

教师应该明白的是，学前儿童学习数学的主要目的是培养他们解决问题的能力。解决问题的能力是指学前儿童能够利用已有的知识、经验解决新的和不熟悉的情境中存在的问题。在解决数学问题的过程中，学前儿童需要深入地比较、推理，这恰好又促进了学前儿童思维能力的发展。对于学前儿童来说，他们要解决的问题是在生活或游戏中遇到的简单、浅显的数学问题。

（三）数学教育能满足学前儿童的认知需要

学前儿童的成长是一个“漫长”的过程，这个过程是他们不断认识世界的过程，也是自身不断发展完善的过程。因为周围环境中的一切物体是以数量、空间等形式存在着的，事物之间也存在着错综复杂的关系。学前儿童只有掌握了粗浅的、简单的数学知识和技能，才能更好地认识周围的客观事物，并用数学语言正确地表达自己的经历和认识。例如，一个小朋友告诉老师：“昨天爸爸带我去奶奶家了。”说明该学前儿童已经掌握了“昨天”这一基本的时间概念；另一个小朋友早上起床磨磨蹭蹭的，妈妈催他：“宝宝快点起床，还有 10 分钟我们就得上幼儿园了。”孩子根本不着急，因为他不理解 10 分钟有多久，也没有时间观念。一个妈妈问她的孩子：“盘子里有几个苹果？”孩子开始认真地用小手指着苹果数起来：“1、2、3、4、5、6。”数完了没有说出总数，妈妈又问他：“一共是几个苹果呢？”孩子又数了一遍后说：“一共 1、2、3、4、5、6 个。”说明孩子还不能够理解总数，也就不能够正确认识物体的数量。一个学前儿童和几个小朋友一起玩，家长问他：“你和几个小朋友一起玩？”他会把小朋友的名字列举一遍，但仍然说不出有几个。可见，对学前儿童进行初步的数学教育，不仅是学前儿童语言表达和自我发展的需要，也是学前儿童认识世界的需要。

（四）数学教育能顺利解决幼小衔接的瓶颈问题

《纲要》在第一部分“总则”中指出：“幼儿园应与家庭、社区密切合作，与小学相互衔接，综合利用各种教育资源，共同为幼儿的发展创造良好的条件。”学前儿童教育是基础教育的有机组成部分，是学前儿童人生重要的启蒙阶段，幼儿园教育与小学教育是相邻的两个教育阶段，幼儿园教育与小学教育衔接一直是备受幼儿园教师和家长关注的重要问题。

案例分析

某幼儿园在星期三和星期五下午会组织数学学习班。很多家长都给孩子报了名。然而，一些孩子在课堂上表现得很活跃，好像教师讲的知识他都学会了，可是课后却把所学的内容忘得一干二净。

分析：不少幼儿园举办强化训练式的数学补习班，在短时间内提前教授小学数学知识，让学前儿童"生吞活剥"地掌握这些数学知识，不考虑学前儿童的兴趣和理解能力，这是非常不科学、不合理的。

从数学教育的角度来看，幼儿园数学教育是小学数学教育的基础和前提，小学数学教育是幼儿园数学教育的延续和提高。二者在数学教育目标、数学学习任务和教育数学方法等方面存在较大差异，小学数学教育更关注知识获得和技能达成，在教学过程中也逐渐提高了对学生抽象逻辑思维能力的要求，并以正规的课业学习为主要形式。为了帮助学前儿童进入小学以后能够较好地完成幼儿园到小学的过渡和适应小学数学学习，幼儿园数学教育应通过生动、具体的教育方法，培养学前儿童学习数学的兴趣，帮助其掌握浅显的数学知识以及解决生活中简单的数学问题的技能。到大班后，数学教育内容可以略有提高，面向小学，较好地实现衔接。但是教学仍需通过日常生活、游戏、领域渗透、主题活动等形式来展开。

课后练习

1. 简要叙述学前儿童几种基本的逻辑观念的发展情况。
2. 结合当前学前儿童数学教育的现状，谈一谈学前儿童数学教育的基本原则。
3. 举例说明学前儿童学习数学具有哪些心理特点。
4. 分别阐述学前儿童小班、中班及大班阶段的数学概念的发展特点。
5. 简要说一说学前儿童数学教育的主要任务。

项目二

学前儿童数学教育的目标与内容

项目分析→

学前儿童数学教育的目标不仅仅关系到学前儿童数学教育的全面实施，而且制约着数学教育的内容、方法的选择以及活动的安排、环境的创设和材料的提供，同时也还影响着教师的教育观念和教学行为。因此，明确学前儿童数学教育的目标，是开展学前儿童数学教育的一个基本前提。本项目主要阐述学前儿童数学教育的目标体系以及具体的内容结构。

学习目标→

1. 了解学前儿童数学教育目标制定的依据和意义。
2. 领会学前儿童数学教育的目标体系，并熟知目标的内容。
3. 知道学前儿童数学教育内容的选择依据。
4. 理解学前儿童数学教育的内容结构。
5. 掌握各年龄段学前儿童数学教育的内容。

案例导入

一位两岁半的幼儿在吃果冻时，她妈妈提出要求，必须数出共有几个果冻后才能吃。妈妈抓一把(5个)让女儿点数。女儿为了吃到果冻，便装模作样地用手一一点数并说出数字几。妈妈问："有几个果冻?"女儿说："3个"。妈妈说："再数一数共有几个?"女儿再一次数后看着妈妈小声说"4个"。妈妈见状便抓起女儿的手边点边数"5个"，这时妈妈问女儿有几个果冻，女儿大声说："5个"。女儿吃了一个果冻后，妈妈又问："这里还有几个果冻?"女儿又大声说："5个。"妈妈显得一脸无奈。

分析：案例中妈妈的行为非常普遍。有些幼儿园为了满足家长的要求，提前教授小学数学知识，让孩子在反复强化训练中进行20以内加减运算，殊不知这些内容并不是3～6岁儿童学习的内容。那么学前儿童数学教育内容到底是什么？学前儿童数学教育的目标又是什么？我们追求的学前儿童数学教育的价值又在何处？这一系列问题将在本项目的学习研究中寻找到答案。

任务一 学前儿童数学教育的目标

教育目标是指教育者在教育活动之前对学习者学习结果的一种期望，是一种对教育结果的预设。学前儿童数学教育目标是学前儿童数学教育的出发点和归宿，是制订教育计划和教育评价标准的依据。要明确学前儿童数学教育目标，就需要对其进行结构分析。

一、学前儿童数学教育目标制定的依据与意义

（一）学前儿童数学教育目标制定的依据

学前儿童数学教育的目标，是学前儿童教育总目标在数学教育中的具体体现。在制定学前儿童数学教育目标时，要考虑学前儿童发展的一般规律和年龄特点，也要考虑社会对学前儿童的要求，同时还要体现数学的学科特点。

1. 学前儿童自身发展的要求

作为教育的对象，学前儿童的身心发展水平、发展需求以及发展的可能性和发展的规律性，是教育目标制定的首要依据。学前儿童数学教育目标的制定要依据学前儿童的发展水平，满足学前儿童发展的需要并促进学前儿童的发展。由于幼儿园教师对学前儿童的发展水平、发展需要和发展规律认识因人而异，因此他们对学前儿童提出的教育目标也不尽相同。

知识链接

蒙台梭利（M. Montessori）认为：“学前儿童6岁前就可开始读、写、算的练习，因为这时是学前儿童学习的敏感期，过了这个时期再学习就困难了。”所以蒙台梭利为3～6岁的学前儿童准备了适当的教材和教具，并进行相关训练。

制定学前儿童数学教育目标，应从学前儿童发展的角度考虑以下几个方面：

第一，学前儿童的发展是一个全面的、整体的发展过程，不能顾此失彼，更不能人为分割。学前儿童的发展包括身体、社会、情感、认知、品德等诸多方面，每一个方面的发展都是相互影响、相互促进的融合性发展过程。在进行某一方面的教育时，必须考虑学前儿童的整体发展情况，所提出的教育目标应是全面的、综合性的，即应包括认知经验、

情感态度、个性特征等方面的教育要求。

第二，学前儿童的发展具有明显的年龄特点和个别差异。不同年龄阶段的学前儿童的认知结构是不完全一样的，每一年龄阶段都有其独特的认知结构，表现出与前后各阶段不同的认知能力。而同一年龄阶段的学前儿童，由于遗传因素、社会生活条件、早期学习经验等方面的不同，各个学前儿童在发展水平、发展速度、认知结构和学习风格等方面也都存在着较大的差异。因此幼儿园教师要针对不同年龄阶段的学前儿童提出不同的数学教育目标，同时还应针对各个学前儿童的实际发展水平和需要提出适宜的数学教育目标，以促进其在原有水平上获得更好的发展。

学前儿童的身心发展水平和特点，决定了这一年龄阶段的数学教育目标与其他年龄阶段的数学教育目标有着一定的差异性。数学教育目标能否达成，数学教育内容的选择是否恰当，从根本上看，取决于遵循和符合学前儿童的身心发展规律的程度。

2. 社会发展的要求

人总生活在一定的社会中，每一个社会都有其对成员的要求，这一要求必然反映在对年轻一代的培养中，即塑造社会所需要的人。不同的社会、不同的时代，对于受教育者的培养规格也会有不同的要求。社会的需要、社会发展的现状和趋势及对人才培养的要求也会影响教育目标的制定。教育目标和教育内容应反映社会的要求和愿望。

“教育要面向世界，面向现代化，面向未来。”这指明了教育目标不但要适应人类社会现今的发展水平，也要适应中国特色社会主义新时代建设的发展水平和要求，而且还要随着社会的发展做相应的调整，应根据社会发展变化提出新要求、新标准。

知识链接

20 世纪 80 年代初，我国幼儿园各学科的教育目标都把传授知识放在首位，同时重视发展学前儿童的智力。

1981 年 10 月，教育部颁发《幼儿园教育纲要（试行草案）》，数学教育的目标由知识、兴趣、思维能力三方面构成：帮助学前儿童掌握 10 以内数的概念和加减运算，学习一些有关几何形体、时间、空间等粗浅的知识；培养学前儿童对计算的兴趣；发展学前儿童初步的抽象思维能力，培养学前儿童思维的准确性、灵活性、敏捷性。上述目标是把学习数学知识放在首位，偏重智力的开发。当前社会已进入了信息时代，信息技术的迅速发展导致了知识量的激增，尽管人们的知识范围在不断扩大，但相对于日益加快的知识更新速度仍会感到应接不暇。因此，当前学前儿童数学教育的目标，更应注重培养学前儿童对数学的兴趣，激发他们主动求知的欲望，同时开发他们的智慧潜能，这才是学前儿童终身学习的根本动力。

3. 学科发展的要求

在制定学前儿童数学教育目标时，不仅要依据学前儿童发展和社会发展的要求，还要考虑数学学科本身的知识体系、学科结构、学科的教育价值、学科的学习规律。当今，数学已经渗透到科学技术、经济生活和现实世界中与人类生活、生存息息相关的各个领域，数学是现代科学技术的基础和工具。数学作为人类文化的自然组成部分，对人类生活有着重要的影响，良好的数学素养将为人的一生可持续发展奠定坚实的基础。数学教育的价值就在于促进学前儿童的发展，使学前儿童更好地适应社会生活，认识周围世界，学会表达和交流，发展学前儿童的主动性、责任感和自信心，培养学前儿童的科学态度和探索创新精神。

随着社会的发展，人们对数学这门学科的认识更加全面和深刻。以前社会大众普遍认为数学是由繁杂的公式和严密的论证所组成的封闭的知识体系；现在则认为数学不单是一种知识，也是一种方法和处理问题的过程。学习数学必须包含学会应用数学的观点和方法去发现和解决身边的实际问题，而不是把数学作为一种知识或教条。因此，当前学前儿童数学教育目标倡导培养学前儿童运用数学的意识和能力，使学前儿童感受到数学在实际生活中的作用，体会到数学的重要性。

学前儿童的发展、社会的发展和学科的发展的要求是数学教育目标的制定和教育内容的选择必须遵循的依据，但同时还必须正确处理可能性目标和适宜性目标之间的关系问题，即应该考虑所提出的教育目标、所选择的教育内容对学前儿童的发展是否适宜。对于有些目标和内容的提出，学前儿童虽然可以学习和接受，但其对学前儿童的发展并无积极的意义，因此，在教育实践中就不应提出和选择对学前儿童的发展不适宜的目标和内容。

（二）学前儿童数学教育目标制定的意义

学前儿童数学教育目标是对学前儿童数学教育的目的和要求的归纳，是向学前儿童实施数学教育的靶向和准则。它的意义表现在以下几个方面。

1. 规范了教师的教育观念和教育行为

教师是教育活动的组织者和帮助者，也是教育活动方向的把握者。教师具有正确的目标意识，就可以选择适宜的、有价值的数学教育内容，灵活运用各种有效的方法和手段，创设有利于学前儿童发展的教育数学环境。例如，教师让学前儿童知道什么是圆形，会采用联想的方法，让学前儿童通过太阳、饼干、车轮、方向盘等物体认识圆形，这样的活动设计不仅可以让学前儿童感受到物品的形状特征，而且激发了他们观察、比较、探究物品特征的兴趣和好奇心。这一内容的选择是符合教育目标的要求的。又如，学前儿童数学教育目标中提道：让学前儿童能从生活和游戏中感受事物的数量关系，体会数学的重要和有趣。如何才能做到这一点呢？是教师引导学前儿童从生活和游戏中感受事物的数量关系，还是教师将事物的数量关系讲给学前儿童听呢？显然应采取前一种做法，因为在学前儿童对事物的数量关系没有感知的情况下，教师的“讲解”和“告诉”都只能是向他们进行知识的强行灌输，违背了学前儿童的学习特点。因此在学前儿童数学教育过程中，教师应以教育目标为准则，选择那些能让学前儿童容易感知到事物数量关系的方法和手段，而摒弃一切违背学前儿童认知特点的措施和行为。

2. 教师可以引领和把控数学教育的全过程

数学教育过程是多种因素参与的过程，在这一过程中既要使各个因素之间协调平衡，又要排除与教育目标不一致的因素。例如，数学教育中涉及教师、学前儿童、活动材料（含环境创设）等多个因素之间的关系，在学前儿童数学教育实践中，既要更好地发挥教师的主导作用，又要充分体现学前儿童在活动中的主体地位，以及让学前儿童能充分地与活动材料相互作用，整个全过程都必须通过教育目标来引领和把控。

3. 明示了数学教育评价的标准

数学教育目标规定了数学教育内容的范围、学前儿童发展的要求，也是衡量学前儿童发展是否达到预期目标的标准，同时还是评判教师所进行的教育是否有效的标准。依据数学教育目标，可以考察、评价教师在数学教育过程中的行为表现、学前儿童的发展状况；也可依据数学教育目标，考察、评价数学教育的计划、手段、方法及环境创设等。因此，数学教育目标既是衡量学前儿童发展的尺度，也是衡量教师教育成效的尺度。

二、学前儿童数学教育目标结构分析

学前儿童数学教育目标体系有横向和纵向两个维度：从横向角度看，可以形成多种分类结构；从纵向角度看，它具有一定的层次结构。在这里，主要从纵向角度对学前儿童数学教育目标的层次结构进行分析。学前儿童数学教育目标包括以下 3 个层次：学前儿童数学教育总目标、学前儿童数学教育各年龄段目标和学前儿童数学教育活动目标。

（一）学前儿童数学教育总目标

学前儿童数学教育总目标是国家在有关学前儿童教育的纲领性文件中制定的，是学前儿童数学教育总的指导精神的体现。2001 年 7 月国家教育部颁发并试行了《幼儿园教育指导纲要（试行）》，《纲要》将学前儿童的教育内容分为健康、语言、科学、社会、艺术 5 个领域，将数学纳入“科学”领域之中。《纲要》中科学领域的总目标是：

1. 对周围的事物、现象感兴趣，有好奇心和求知欲。
2. 能运用各种感官，动手动脑，探究问题。
3. 能用适当的方式表达、交流探索的过程和结果。
4. 能从生活和游戏中感受事物的数量关系并体验到数学的重要和有趣。
5. 爱护动植物，关心周围环境，亲近大自然，珍惜自然资源，有初步的环保意识。

其中，“能从生活和游戏中感受事物的数量关系并体验到数学的重要和有趣”是数学教育的总目标。

依据《纲要》科学领域总目标所蕴含的主要价值取向，从认知、情感与态度以及操作技能 3 个方面出发，可将学前儿童数学教育总目标具体化为以下几个方面：

（1）培养学前儿童对数学的情感、态度的目标。其主要包括学前儿童对周围环境中事物的数量、形状、时间和空间等感兴趣，有好奇心和求知欲，喜欢参加数学活动。

兴趣、好奇心、求知欲是学前儿童学习数学的内部动力。前期数学教育的首要目标就是培养学前儿童对数学的兴趣和主动探索的愿望，使学前儿童感受到数学是有趣的、有用的，愿意学数学。这将为他们未来所进行的智力活动提供最佳的情绪背景，并为其今后的数学学习奠定良好的感情基础。

(2) 学前儿童学习初步数学知识方面的目标。其主要指能从生活和游戏中感受事物的数量关系，获得有关数、量、形、时间和空间的感性经验，体验数学的重要和有趣。

要注意：学前儿童获取的数学知识是经验性的、具体的知识，建构的是初级数学概念。这就指明了学前儿童数学教育与小学以上年龄段数学教育的不同之处。例如，学前儿童认识正方形，看到图形能叫出名称，会辨认即可，而不能让学前儿童必须去记一些抽象的图形概念。

学前儿童是在生活和游戏中、在与环境的交互作用中获得数学感性经验的。在数学教育中要让学前儿童自己建构数学知识，而不是由成人传授数学知识。此外，学前儿童在建构数学知识的过程中，就会产生对数学的兴趣，形成对数学的积极情感和态度。

(3) 培养学前儿童认知能力，特别是发展思维能力的目标。其主要包括学习运用简单的数学方法，解决在生活和游戏中遇到的某些简单的问题，能用适当的方式表达、交流探索问题的过程和结果。

该目标提出数学教育应重视学前儿童认知能力的发展，特别是思维能力的发展。数学知识具有的逻辑性、抽象性、应用性的特点使其对学前儿童初步的逻辑思维能力发展有特殊的价值。学前儿童在建构一些初级数学概念的过程中，需要对所操作的材料和环境中的有关数、量、形等信息进行充分观察，在对其进行比较、分析、综合、抽象和概括后，才能将有关数学概念的本质(或关键)属性从具体事物中抽象出来，这一过程对于促进学前儿童观察力、注意力、记忆力、想象力，尤其是思维能力的发展具有积极的作用。

该目标还提出能用适当的方式表达、交流其操作、探索问题的过程和结果。在数学活动中，要求学前儿童将其在操作、探索过程中的感受、体验外化和具体化，这样可以加深学前儿童对数量关系的感受和体验。学前儿童的数学学习是在与教师、同伴的交流中进行的，是共同建构数学知识的过程。

(4) 培养学前儿童正确使用数学活动材料的目标。这主要指会正确使用数学活动材料，能按规则进行各项活动，有良好的学习习惯。学前儿童的数学思维来自动作，因此，学前儿童只有掌握一定的操作技能，学会正确使用操作材料，才能获得对数量关系的感知和认识。

(5) 培养良好学习习惯的目标。在数学教育中还要培养学前儿童良好的学习习惯。良好的学习习惯对学前儿童当下及今后的学习具有重要作用。良好的学习习惯包括静心学习、细心学习、耐心学习、发挥主动性和积极性、努力克服困难、善于思考创新等。另外，还应培养其能按规则进行活动，能探索解决问题的办法，能与别人合作进行游戏等习惯。

（二）学前儿童数学教育各年龄段目标

掌握学前儿童数学教育各年龄阶段目标是数学教育总目标在小、中、大班的分解和细化，它指出了某一年龄段数学教育所期望获得的结果。教师应熟知各年龄阶段学前儿童数学教育的目标，因为它是教师制定具体数学教育活动目标的参考依据和必须遵循。

1. 小班(3～4岁)

（1）愿意参加数学活动，喜欢摆弄、操作数学活动材料；能在教师的帮助下学习，并按要求取放操作材料和进行数学活动。

（2）对生活中常见的各种物品的大小、形状、数量有兴趣，能感知5以内的数量。

（3）能按物品的外部特征进行分类。

图2-1　某幼儿园小班教具

2. 中班(4～5岁)

（1）能专心地进行数学操作活动，对自己的活动成果感兴趣；愿意并学习用适当的方法表达、交流自己操作、探索的过程和结果。

（2）能自己选择数学活动内容和按规则进行活动。

（3）能按物体的某一特征和数量进行分类。

（4）能注意和发现周围环境中物体的数量、形状的差异，以及它们在空间中的位置等。

（5）能比较、判断10以内物体的数量多少；感受10以内相邻两数的大小关系。

（6）认识一些常见的几何形体。

图2-2　教师设计制作的动物头饰

3. 大班(5～6 岁)

(1) 能积极主动地进行数学活动，遵守活动规则，会有条理地摆放、整理数学活动材料。

(2) 能用适当方式表达、交流数学操作活动的过程和结果。

(3) 能倾听教师和同伴的话，能在教师的帮助下，归纳、概括有关的数学经验，感受生活和游戏中事物的数量关系。

(4) 能运用对应、比较、类推、分类统计等简单的数学方法解决生活和游戏中的某些简单问题。

(5) 能按物体的两种特征和从事物的多个角度进行分类。

(6) 认识一些常见的立体图形，对平面图形间的关系能有所感受。

图 2-3　数学学具

上述针对各年龄段学前儿童的数学教育目标，从认知能力、情感态度和行为习惯养成等方面进行了阐述，体现出了不同年龄段学前儿童发展水平的差异性和层次性，同时也体现出不同年龄段学前儿童发展水平的连续性和有序性。

(三) 学前儿童数学教育活动目标

在进行数学教育活动前，教师要依据数学教育总目标和各年龄阶段目标，并结合教育活动的内容及学前儿童的特点来制定学前儿童数学教育活动目标。

数学教育活动目标是指某一具体教育活动的实施目标。它具有表述具体、可操作、可测量的特点。数学教育活动目标是开展数学教育活动的具体依据和遵循标准。

任务二　学前儿童数学教育的内容

学前儿童数学教育的内容是实现学前儿童数学教育目标的载体和媒介，也是教师从事数学教育活动的主要研究对象。了解并掌握学前儿童数学教育的内容，是开展数学教育的基础和前提。

一、学前儿童数学教育内容的结构

学前儿童数学教育的内容由多部分构成，包括集合、数、量、形、时间、空间、加减运算和数量关系等。

1. 感知集合的教育内容

感知集合的教育内容包括：物体分类、区分“1”和“许多”、比较两组物体的数量关系。

2. 基数概念的教育内容

基数概念的教育内容包括：计数、相邻数、数的组成、数的守恒、数字的认读与书写。

3. 序数概念的教育内容

序数概念的教育内容包括：数序（第几）、自然数列的形成、理解自然数列等差关系。

4. 量的概念的教育内容

量的概念的教育内容包括：量的排序、量的守恒、量的测量。

5. 加减运算的教育内容

加减运算的教育内容包括：10 以内加法运算（三级运算：动作、表象、符号），10 以内减法运算（二级运算：动作、表象、符号），同数加减运算（三级运算：动作、表象、符号），理解口述应用题、列算式、算得数，创编口述应用题、列算式、算得数。

6. 几何形体的教育内容

几何形体的教育内容包括：平面几何图形及建构、立体几何形体及建构。

7. 空间认知的教育内容

空间认知的教育内容包括：以自我为中心的空间认知、以客体为中心的空间认知。

8. 时间认知的教育内容

时间认知的教育内容包括：一天内的时间、一周内的时间、一年内的时间，认知钟表及整点、半点。

9. 认识货币的教育内容

认识货币的教育内容包括：区分人民币元、角、分的特征，学习人民币元、角、分之间的兑换关系。

10. 初步理解数量关系的教育内容

这些数量关系包括：“1”和“许多”的关系，对应的关系，大小、多少关系，等量关系，守恒关系，可逆关系，包含关系，互补关系，互换关系，等差关系，相对关系，函数关系。

二、各年龄阶段学前儿童数学教育的具体内容

（一）小班（3～4 岁）

（1）学习按物体的一个特征（大小、颜色、形状）进行分类。

（2）学习按物体量（大小、长短）的差异进行 5 个以内物体的排序，学习按物体的某一特征进行排序。

（3）认识“1”和“许多”及其关系。

（4）学习用一一对应的方法比较两组物体的数量，感知多、少和一样多。

（5）学习手口一致地从左到右点数 5 个以内的物体，能说出总数，能按实物范例和指定的数目取出相应数量的物体，学习一些常用的量词。

（6）认识圆形、正方形和三角形。

（7）学习以自我为中心区分上下、前后、里外的空间方位及认识早、晚的时间概念，知道早、晚有哪些明显的不同。

（8）听得懂教师的话，学习按照游戏规则进行活动；大胆地回答问题，初步学习用语言讲出操作活动的过程和结果。

（9）愿意参加数学活动，喜欢摆弄、操作数学材料；能在教师的帮助下按要求拿取、摆放、操作数学材料。

（二）中班（4～5 岁）

（1）认识 10 以内的数字，理解数字的含义，会用数字表示物体的数量。

（2）学习 10 以内的基数：顺着数、倒着数，学习目测群数，学习不受物体空间排列形式和物体大小等外部因素的干扰，正确判断 10 以内的数量，感知和体验 10 以内自然数列中相邻两数的等差关系。

（3）学习 10 以内的序数。

（4）认识长方形、梯形、椭圆形。

（5）学习概括图形的两个特征；能按两个特征对同一类物体进行逐级分类。

（6）学习按量（粗细、高矮等）的差异进行 6 以内的正逆排序；学习按特定的规则排序。

（7）能听清楚教师的话，能按要求进行活动，并学习按照要求检查自己的活动。

（8）能安静地倾听教师和同伴的话；学习用语言表述自己操作活动的过程和结果。

（9）观察、比较、判断 10 以内的数量关系，逐步建立等量观念；运用已有的知识经验，解决新的问题，学习新的知识，促进初步的推理和迁移能力的发展。

（10）能自己选择小组活动，即能根据各个小组的活动情况，确定自己去哪组活动；在日常生活中，喜欢选择数学游戏活动。

（11）能主动地、专心地进行数学操作活动，并对自己的活动成果感兴趣；在教师的引导下，能注意和发现周围环境中物体的量的差异，物体的现状以及它们在空间中的位

置等。

（三）大班(5～6 岁)

(1) 学习 10 以内的单数、双数、相邻数以及认识 0。

(2) 学习 10 以内数的分解和组成，体验总数与部分数之间的等量关系，部分数与部分数之间的互补和互换关系。

(3) 学习 10 以内数的加减，认识加号、减号，理解加法、减法的含义，初步掌握 10 以内加减运算的技能，体验加减互逆关系。

(4) 学习按物体的两个及以上特征或特性进行分类，并学习按标记进行逐级分类。

(5) 初步感知集合的交集、并集关系及包含关系。

(6) 能按物体量的差异和数量的不同进行 10 以内正、逆排序，初步体验序列之间的传递性、双重性及可逆性关系。

(7) 认识几种常见的立体图形(正方体、球体、长方体、圆柱体)；能根据形体特征进行分类；体验平面图形与立体图形之间的关系。

(8) 学习等分实物或图形；学习自然测量的方法。

(9) 学习以自我为中心和以客体为中心区分左右；会向左/向右方向运动。

(10) 能认识时钟，学会看整点、半点；学习看日历，知道年、月、星期的名称和顺序。

(11) 认识 1 角、2 角、5 角、1 元、5 元、10 元的人民币，能说出它们的单位名称，知道它们代表不同的面值。

学一学·练一练

教师准备 1 角、2 角、5 角、1 元、5 元、10 元的纸币若干，让大班学前儿童学认。

(12) 能听清楚若干操作活动的规则，能按规则进行活动，能按规则检查活动的过程和结果，并能参加较多的小组活动。

(13) 能清楚地讲述操作活动的过程和结果。

(14) 能在教师的帮助下归纳、概括有关的数学经验；学习从不同角度、不同方面观察与思考问题；能通过观察，运用比较、类推、迁移等方法解决简单的数学问题。

(15) 积极、主动地参与数学问题的讨论；学习有条理地摆放、整理活动材料。

(16) 能与同伴友好地进行数学游戏，能采取轮流、适当等待、协商等方法协调与同伴的关系。

三、学前儿童数学教育内容选择的依据

第一，符合数学知识本身的科学性、系统性。数学本身具有内在的知识体系和逻辑规律，学前儿童数学教育内容的选择首先要考虑到数学学科的特点和规律。

第二，符合学前儿童认知发展的规律和特点。

第三，符合学前儿童入小学的数学能力的衔接要求。

课后练习

1. 简要说出学前儿童数学教育的总目标。
2. 论述学前儿童数学教育目标制定的主要依据。
3. 学前儿童数学教育的内容主要有哪些？
4. 简述学前儿童各年龄阶段数学教育的目标，并对比寻找它们之间的关系。
5. 根据学前儿童数学教育内容的选择，阐述其内容选择的依据。

项目三

学前儿童数学教育的途径与方法

项目分析→

学前儿童数学教育的目标是通过多种途径和方法来实现的。学前儿童数学教育的途径在学前儿童数学教育的整体结构中是多元化、多样性的。学前儿童数学教育的基本方法是以学前儿童数学教育的基本观点、基本原则为依据的。学前儿童数学教育，一方面要从学前儿童学习数学的特点角度出发，研究学前儿童如何“学”数学的方法，以便在学前儿童数学教育的过程中，体现学前儿童的主体地位，让学前儿童在数学实践活动中体验学习、操作学习、发现学习、探索学习，主动获得数学知识、技能和能力；另一方面还要从教育目标、教育内容、数学学科特点角度出发，研究教师如何“教”数学的方法，以便使教育走在学前儿童发展的前面，充分体现教师的主导作用，积极引导、启发诱导、现场指导、个别辅导，促进学前儿童的数理逻辑思维能力和分析问题、解决问题能力的发展。

学习目标→

1. 了解学前儿童数学教育的基本途径。
2. 理解学前儿童数学教育各种途径的基本特点。
3. 掌握并合理运用学前儿童数学教育的各种方法。

案例导入

一位幼儿园教师问一个中班的孩子：“3+5等于几?”孩子低声自言自语：“3加5，3加5，……”重复多遍，没有答案。突然她小声说了一句：“3个加5个”，然后就大声地说出：“等于8。”

分析：为什么该儿童算不出3加5，却能算出3个加5个？因为3加5是抽象的符号运算，当幼儿还没有学习数的组成时，他们对抽象的符号运算是望尘莫及的，而3个加5个却可以用具体形象的事物，比如苹果、香蕉等表象进行运算。这个事例充分说明，幼儿学习数学的途径和方法与成人完全不一样，成人可以通过抽象的数学符号学习数学，而幼儿学习数学必须通过动手操作或借助具体形象的事物来思考数学问题。因此，幼儿教师在进行数学教学时，要按照学前儿童数学学习特点，科学、合理的选择数学教育的方法和途径，这样才能充分调动幼儿学习的积极性、主动性，不断提高他们的数学学习能力。

任务一　学前儿童数学教育的主要途径

学前儿童数学教育的途径是指实施数学教育所采用的活动形式。在2001年颁布的《幼儿园教育指导纲要(试行)》第三部分“实施”中指出：“幼儿园的教育活动，是教师以多种形式有目的、有计划地引导幼儿生动、活泼、主动活动的教育过程。”

学前儿童数学教育的途径是多方面的，主要包括数学教学活动、数学区角活动、渗透的数学教育活动。不同的幼儿园、不同的班级以及不同的教师在数学教育的过程中不会拘泥于某种固定的教学途径，而是根据实际需要，灵活选择或搭配不同的活动途径，以期获得最佳的教育效果。

一、数学教学活动

1. 数学教学活动的含义

数学教学活动是指教师通过预设活动的目标、方法，来组织整个活动过程，引导全体学前儿童进行探索，以使学前儿童获得一定的数学知识和数学技能，同时获得多方面能力发展的专门活动。

2. 集体数学教学活动

集体数学教学活动的主要特点是：具有较强的目的性、计划性和针对性，教师能够预设教育目标、教育过程及教育方法；教育内容主要指数学知识和数学技能；教育对象是全体学前儿童。

集体数学教学活动比较适合教授新内容或者有一定难度的内容，在教师的统一组织和指引导下，全体学前儿童统一学习与探索，能够有效降低学习的压力与难度。同时，数学教学活动能够充分考虑到数学知识本身的系统性、逻辑性及学前儿童认知发展的规律和特点，因此是学前儿童数学教育的主要途径之一。

在课程改革背景下，数学教学活动应该正确认识教师在教学活动中的地位和角色，切忌满堂灌或者限制孩子的自由探索或思维活动，应该充分发挥教师的引导者、支持者作用。

二、数学区角活动

数学区角活动是指在学前儿童的活动室或其他活动场所，开辟一个专门的数学学习区域，提供丰富多样的数学材料和学具，学前儿童在其中可以自由选择内容并进行探索，进行数学学习。从建构主义学习理论的角度来看，学前儿童主动建构自己的认知结构，关键在于教育者和学前儿童间的相互作用，这个作用除了直接的"教"之外，还可以通过中介——人际环境或物质环境发挥出来。教师把教育意图客体化为一个富有教育性的环境，通过人或物调控教育过程，使学前儿童在与材料的相互作用中，获得有关的数学经验。

数学区角活动的主要特点有：

(1) 教师在区角中投放各式各样、丰富多彩的数学材料和学具，学前儿童自己随意选择活动内容和材料。

(2) 没有具体的活动计划，也不要求学前儿童一定要达到某种活动目标，但是活动要服从于学前儿童数学教育的总目标。

(3) 教师以间接指导为主。学前儿童主要在与材料的相互作用中学习，教师要用心观察学前儿童活动的全过程，必要时提供语言和材料上的支持和帮助。

(4) 学前儿童个人或几人结伴在一起活动，以个别活动和小组活动为主。

数学区角活动有助于培养学前儿童对数学活动的个性化兴趣。数学区角活动是学前儿童的自主活动，能更多满足学前儿童主动探究的愿望，学前儿童在轻松愉快的环境中做一做、玩一玩，更多地体验到学习数学的乐趣。数学区角活动能使学前儿童获得丰富的数学经验。数学区角是教师创设的一个典型的数学环境，学前儿童接触的是以数学信息为主的材料。这样，学前儿童就多了一个获取数学知识的途径，在与材料相互作用的过程中建构数学知识，从而获取丰富的数学经验。数学区角活动能充分发挥学前儿童的自主性和创造性。在数学教学活动中，虽然学前儿童也进行操作，但一般是在教师统一要求下的操作，操作时间也比较短。在数学区角活动中，学前儿童能充分探索，从而最大限度地发展学前儿童的思维和动手操作能力。数学区角活动有利于照顾到学前儿童的个体差异。学前儿童的数学学习个体差异较大，数学区角活动为学前儿童提供了按照自己的兴趣和能力学习的机会，学前儿童按照自己的方式和速度进行学习，从而在原有基础上获得一定的发展。

三、渗透的数学教育活动

渗透的数学教育活动，是指渗透于学前儿童的日常生活、自然与社会活动、其他领域教育活动中的数学教育。学前儿童的数学教育，不仅要通过专门的数学教育活动来进行，还要通过渗透的数学教育活动来进行。

(一) 渗透的数学教育活动特点

1. 情境性

情境性是指渗透的数学教育活动往往是在一定的场合、伴随事件进行的。例如,有一名学前儿童在幼儿园过生日,教师提出了"一块大蛋糕要分多少块"的问题请学前儿童思考。在这种真实、有意义的情境中,学前儿童表现出了浓厚的学习数学的兴趣。

2. 随机性

随机性是指渗透的数学教育活动的内容、方法、地点、时间比较灵活,教师往往是随机而教的。例如,在一次户外活动时,有几名学前儿童捡起了地上的银杏树叶,讨论起它的形状。教师关注到这一情况,就和学前儿童一起讨论,并引导学前儿童将树叶和三角形进行比较,得出银杏树叶像扇形的结论,丰富了学前儿童关于形状的知识经验。

3. 个别性

个别性是指在渗透的数学教育活动中。教师往往针对的是部分或个别学前儿童的数学问题,并对其进行引导。例如,某名学前儿童早上第一个来园,教师和他进行关于时间的谈话。又如,某名学前儿童游戏时在玩积木,教师引导其关注积木的形状。渗透的数学教育活动虽然具有个别性的特点,但是,教师有时也会根据情况把数学问题提出来,引发全班学前儿童的思考和讨论。

(二) 渗透的数学教育活动的开展

1. 在日常生活中的数学教育活动的渗透

在日常生活中对学前儿童进行数学教育,具有轻松性、随机性、自然性、具体直观性等优势,非常符合学前儿童思维发展的特点,还能够培养学前儿童关注身边生活、关注身边事物的情感态度。

(1) 在幼儿园日常生活环节中渗透数学教育。幼儿园的一日生活环节主要有:入园、晨检、早餐、午餐、睡觉、喝水、盥洗、离园等。可以将对时间的认知渗透到一日生活的各环节中,如几点入园、离园,几点吃饭、早操,几点午睡、起床,几点吃午餐,知道早晨、晚上以及今天、昨天和明天,知道哪天是星期几,是几月几日,另外,在日常生活环节中教师还可以自然渗透其他关于时间的词语,如正在、已经、将要、先、然后、再等。

小故事

童童从幼儿园回到家,看到妈妈晚上做的是烙饼。便告诉妈妈:"妈妈,你知道吗?你烙的饼是圆形的。外面卖的比萨饼也是圆形的。这是老师教的。"

在进餐过程中，可以让学前儿童通过观察一名小朋友、一个碗、一把勺子获得一一对应的概念，盥洗和喝水时让学前儿童认识许多条毛巾和一条毛巾，许多杯子和一个杯子之间的关系。

还可以将数和量的教育渗透到生活中，如什么东西是1个、2个、3个、4个、5个等，哪个多、哪个少、多几个、少几个，哪些物品是大的/小的，哪些物品是高的/矮的，哪些物品是粗的/细的，哪些物品是厚的/薄的等。

(2) 在家庭生活中渗透数学教育。要真正实现学前儿童数学教育的目标，幼儿园教师应该谋求与家长合作并探索出在家庭生活中进行数学教育的最佳途径，以期在良好的环境影响下，激发学前儿童学习数学的兴趣，培养学前儿童的数学能力。

首先，家长转变教育观念，是实现在家庭生活中渗透数学教育的重要保证。幼儿园教师可以对学前儿童家长进行有关《纲要》的培训，开办"学前儿童数学教育专题"宣传栏，定期举办家长讲座等，让家长逐步转变自己的学前儿童数学教育观。家长的教育观念转变了，不会再把对孩子的数学教育完全看作幼儿园的事情，不会只重视书本知识而忽视生活中的数学教育，不会只重视死记硬背而忽视学前儿童积极主动的探索。

其次，通过让家长参与对幼儿园数学教育活动的评价以及家长开放日等，让家长了解目前幼儿园数学教育的趋势是生活化、游戏化的。

再次，幼儿园教师结合课程进度，帮助家长制定家庭生活中渗透数学教育的方案，使家长更加明确在家庭生活中渗透数、量、形、时间、空间、加减法等几个方面的数学内容。

最后，在家庭生活中进行亲子学习，体验欢乐。在日常生活中，父母要为孩子创设游戏与探索的环境，并参与其中，与孩子共同体验成功的快乐。

案例分析

某幼儿园早操播放歌曲

大公鸡喔喔叫，外面的世界真美妙。小朋友们排好队，大家快快来做操。
间隔距离要保持，大家都要准备好。
小海鸥，真勇敢，飞得高来飞得远，我们学习小海鸥，不怕辛苦不怕难。
小花猫，喵喵叫，摇摇脑袋舔舔毛，养成卫生好习惯，做个健康的乖宝宝。
企鹅弟弟站一排，走起路来摇又摆。遵守规则不胡闹，快快乐乐做游戏。
大象伯伯慢慢走，伸伸鼻子仰仰头。见到老人问个好，大家夸我有礼貌。
小青蛙呱呱叫，妈妈妈妈不见了。我们一起帮助他，找到妈妈哈哈笑。
小黄莺高声叫，小朋友们齐欢笑。天天锻炼身体棒，我们的世界真美好。

分析：儿歌中包含了排好队(顺序)、隔距离(前、后、左、右)等简单的数学知识。

(3) 在自然和社会生活中渗透数学教育。大自然和社会也是学前儿童学习数学的一种途径。到植物园春游、秋游,可让学前儿童感受到自然的色彩和形状,感受到量的差异。在家长带孩子外出购物、游玩、走亲访友的过程中,可以通过让孩子帮助算钱、付费、记住公交车车次和站牌、数楼房的层数、观察楼房的造型等来渗透数学教育。

2. 在各领域教育活动中的数学教育的渗透

在健康、语言、社会科学、艺术领域的教育活动中,结合或渗透数学教育,不仅能巩固、加深、补充和促进学前儿童对数学概念的理解,而且能使学前儿童的数学学习更为生动和有效。教师要善于挖掘各领域中数学显性或隐性的因素,并与数学教育有机融合,以促进学前儿童数学能力的发展。

(1) 健康教育活动与数学。幼儿园的体育活动丰富多彩,学前儿童在体育活动中的各种动作,都是认识上、下、前、后等空间方位和向上、向下、向左、向右等运动方向的途径。另外,在体育游戏中也可以渗透数学教育,如大班儿童在跳绳时,可以进行接数、累加和比较数量的游戏,或通过速度竞赛活动体验"快""慢"与时间段的关系,在投掷活动中获得对"远""近"的认识等。

(2) 艺术教育活动与数学。美术是造型艺术,学前儿童在绘画、泥工、剪贴等美术活动中,往往要准确辨认物体的形状、大小比例和位置。如泥工塑造有利于发展学前儿童对形体的感知,对大小、粗细、轻重等量的比较;剪贴、折纸等纸工活动中渗透了对形状、对称、平面图形和立体图形之间的关系的体验和探索。

如在中班"给动物喂食"的活动中,将投掷目标设计成动物嘴巴,投放一些不同形状的"食物",要求学前儿童投掷前观察这些形状不同的"食物",根据动物的不同嘴型投掷相应形状的"食物"。这样便使学前儿童练习了辨别物体形状。

图 3-1 "给动物喂食"的教具

在音乐教育中,学前儿童需要感知旋律的快慢、声音的强弱,学习听前奏等,这些是对声音的"量"的感知。教师可以挖掘音乐材料中蕴涵的数学元素,如歌曲《数高楼》的歌词为:"路边大高楼,高耸入云端,弟弟和妹妹,一起数高楼,1 层楼,2 层楼,3 层楼……”其中就蕴涵了对数字顺序的认识。

(3) 语言教育活动与数学。在语言教育活动中，有一些故事和儿歌中就包含有数学知识，如儿歌：“一、二、三，爬上山；四、五、六，翻筋斗；七、八、九，拍皮球；张开两只手，十个手指头。”这首儿歌中含有数数的知识，能帮助学前儿童记住数的顺序。有一些故事，往往涉及一些时间、空间概念，如什么时候，在什么地方，谁先来了，谁后来了，等等，这有助于学前儿童对时间、空间概念的理解和掌握。

(4) 科学教育活动与数学。数学作为科学领域的一部分，与科学有着密切的联系。在当代社会中，数学的应用越来越广泛，它是人们参加社会生活，从事生产劳动和学习，研究现代科学技术必不可少的工具，它的内容、思想、方法和语言已经广泛渗入自然科学和社会科学领域。数学的工具性已成为人们的共识。首先，学前儿童在进行科学探究活动时或多或少都需要运用数学这个工具，借助数学，观察、记录在科学探究中的发现。例如，学前儿童通过观察、记录植物的发芽时间，测量、记录植物的高度来认识植物生长的速度。又如，在科学活动中，学前儿童借助数学的方式来记录温度、人们及动植物的活动变化，了解四季的特征。在此基础上，还可以进行统计，对事物形成比较科学、清晰的认识。

(5) 社会教育活动与数学。幼儿园社会教育活动内容的选择主要以社会为依据，社会现实是选择幼儿园领域课程的基础。幼儿生活周围环节中与数学是紧密联系的。如排队时谁在前面、谁在后面；吃饭时请小朋友们左手扶碗，右手拿勺。再如“超市购物”主题教育活动中，认识10元以内的钱币，了解钱币与货物之间的等价交换等。

教学活动

有趣的“三明治”

活动目标：

1. 通过认识、操作和游戏活动，使学前儿童初步了解三角形的基本特征。

2. 激发学前儿童对图形的兴趣，并学会目测分类。

3. 发展学前儿童的手工操作能力和思维的敏捷性。

活动准备：

三角形教具、三角形拼图学具每人一套，三角形、圆形和正方形的头饰每人一个，相应的实物若干。

活动过程：

1. 导入活动

出示三角形，用“三明治”引发学前儿童的学习兴趣，指导学前儿童观察、分析，启发学前儿童说出并记住图形名称和其基本特征。

2. 游戏活动

请一名大班儿童扮演“三明治”，由他向大家介绍自己的朋友（形状与三角形相同的实物），然后让其他儿童帮助“三明治”找朋友，巩固对三角形的认识。

3. 出示用三角形拼成的各种物体

引导学前儿童观察这些物体是由哪些几何图形组成的。

4. 用三角形拼贴图案

用大小不同的三角形拼成各种图案，鼓励学前儿童大胆想象，并将图案粘在作业纸上，然后把作品挂在活动室里做装饰，教师和学前儿童一起欣赏。

数学教学活动、数学区角活动及渗透的数学教育活动，它们共同对数学教育的目标和内容起到了积极作用，并对学前儿童进行着数学启蒙教育。

任务二　学前儿童数学教育的方法

学前儿童数学教育的方法，既包括教师或家长教的方法，也包括学前儿童学的方法。由于各门学科性质不同和数学学科本身所具有的特点，学前儿童数学教育应有它自己独特的方法，这里只介绍学前儿童数学教育活动中常用的基本方法，这些方法不仅可以帮助学前儿童获得数的概念，而且也能有效地促进学前儿童的思维发展。

一、操作法

数学知识具有高度的抽象性和严密的逻辑性的特点。教学时只有依据这些特点，选择有效的教育方法才能收到良好的教学效果。学前儿童对数学知识的认识和理解是不能从客体本身获得的，而要从改变客体的动作中获得。因此，在数学教育中必须强调让学前儿童亲手操作材料，在实际的操作过程中探索和学习，获得有关数学概念的感性经验。学前儿童只有在“做”的过程中，在与材料相互作用的过程中，才可能对某一数学概念属性或规律有所体验和感悟，才可能获得直接的经验。这种体验和经验是学前儿童建构初级数学概念所必需的。因此，操作法是学前儿童学习数学的基本方法之一。

（一）操作法的含义

操作法是学前儿童通过亲自动手操作直观教具，在摆弄物体的过程中进行探索、发现，从而获得数学经验、知识、技能的一种学习方法。教育心理学家皮亚杰认为，智力来自动作，活动是连接主客体的桥梁，对抽象概念的掌握要从动作着手。根据这一学说，学前儿童学习数学，首先应从外部形式的活动即对物体的操作开始，在操作和积极的探索过程中促进思维活动的发展，即由直接感知动作内化为头脑中的智力活动，进而构建起初步的数学概念。因此，操作法是学前儿童头脑中构建初步数学概念的起步，是学前儿童获得抽象数学概念的必经之路。

图 3-2　大班学前儿童展示自己制作的毛毛虫

（二）操作法的基本形式

操作法可分为以下几种基本形式。

1. 探索性操作活动

小故事

100 千克铁和 100 千克棉花相比，哪个沉？

很少人会回答：“当然是铁沉。”

因为他们感觉棉花轻飘飘的，而铁相比之下则显得很沉。

实际上，100 千克铁和 100 千克棉花的重量是一样的，都是 100 千克。

探索性操作活动是指围绕某一数学问题，让学前儿童通过自己对实物或图片进行摆弄、操作、尝试、探究，在动手实践的基础上发现有关规律的一种操作形式。其目的在于充分发挥学前儿童学习的主动性，提高学前儿童探索问题的能力与思维的目的性。例如，在“量”的教学过程中，向学前儿童提供材料不同、体积形状相同的物体和材料相同、体积形状不同的物体，让学前儿童掂量、比较。然后，让他们从大量的操作中发现“材料相同，体积越大，物体就越重，反之就越轻；材料不同，虽然体积相同，但重量却不相同”这一规律。

2. 验证性操作活动

验证性操作活动是指教师先讲解、演示、归纳，再让学前儿童通过实物或图片进行操作验证而获得数学知识的一种操作形式，其目的在于促进学前儿童对已学知识的进一步巩固、理解，促进知识的内化。例如，在“三角形”的教学过程中，通过教师的演示、归纳，学前儿童在学习了三角形的特征后，可给他们不同大小、不同颜色的三角形实物、图片，供孩子们摆弄、操作、比较，巩固对“三角形有首尾相连的三条边，有三个角”特征的理解。

学一学·练一练

为积木找房子，并将积木放入它的“房子”中。

图 3-3　各种形状的积木

3. 创造性操作活动

创造性操作活动是指提供某一材料让学前儿童自己设计出具有多种选择性的问题，让他们充分地想象和进行多角度的思考，培养其创造能力的一种操作形式。例如，在排序教学过程中，给学前儿童一些不同颜色的几何图形，让学前儿童根据图形与颜色的特征，设计不同的排序方法。如按颜色不同、形状不同、数量不同进行排序，或颜色和形状交替着按递增或增减的顺序进行排序，得出不同的排序形式。

（三）操作法的基本要求

1. 要明确操作目的

凡是要教给学前儿童的有关数学的知识都应尽可能地转化为可直接操作材料的活

动。教师在运用操作法时，可先让学前儿童通过在动手操作过程中对材料的使用来发现问题，初步体验某数学概念的内涵或运算规律，然后让学前儿童用语言表述动作的结果，启发他们在头脑中形成表象，最后由教师引导学前儿童讨论操作结果，帮助学前儿童概括出数学语言，使知识经验系统化、符号化。例如，制定数学活动目标时，要考虑学前儿童认知、情感方面的内容和要求，而且每个方面都有一个重点。在认知方面，主要引导学前儿童学习一些浅显的数学知识和技能，帮助他们获得感性经验。感性经验获得的直接方法，就是通过操作来获得，操作可以很好地起到使知识经验从形象到抽象的过渡作用。又如，教师将学习“4 的组成”的认知目标定为：引导学前儿童将 4 个物体分成两份，启发他们寻找不同的分法，学习讲述分合过程和分合式，初步体验整体与部分的关系。由于这个目标找得准确，所以操作性较强。在情感方面，包括培养学前儿童对数学活动的兴趣，在制定目标时主要体现层次结构。如首先让学前儿童愿意参加数学活动，进而想要操作数学活动材料，最后能按教师的要求摆放材料或自己创作。

2. 要创造操作条件

教师要为学前儿童的操作活动创设合适的环境、提供必要的条件。首先，要为每个学前儿童准备一份操作材料，或者发动学前儿童自己动手准备一些简单的材料。其次，必须为学前儿童准备可供操作活动顺利开展的合适场地及足够的操作、探索时间，以保证操作材料在学前儿童学习数学及发展其初步的数学概念方面的作用。最后，要允许学前儿童有同伴之间的交流和讨论的机会，这样有助于学前儿童通过思考来获取知识，也有利于学前儿童养成自学、爱学的良好习惯。

3. 要说明操作规则

在正式的数学教育活动中运用操作法时，应在学前儿童动手操作之前，先向他们说明操作的目的、要求及具体的操作方法。对于缺乏操作经验、不会使用新的操作材料或工具的学前儿童，教师要先通过适当的讲解，交代具体的要求和方法，然后再让学前儿童操作、体验，以保证他们的操作具有一定的方向性。另外，操作规则除了说明操作的要求、步骤和方法外，还应反映出有关数学概念的属性或运算规律。

4. 要注重指导和评价

注重操作过程的指导和结果的评价是为了获得良好的效果，良好的效果形成于合理的过程之中。

操作前：通过对操作规则、注意事项的交代，简洁、明了的指导语使学前儿童能独立、有效地去操作、去“做”，使学前儿童的“做”成为探索、发现的过程。

操作中：首先，要鼓励学前儿童主动积极地探索和反复尝试，重视他们发现的问题，并允许其有不同的活动水平。其次，根据学前儿童的不同水平有针对性地进行个别指导，并给予足够的时间，帮助其克服操作中的困难，防止包办代替，使微观指导落到实处。最后，关注学前儿童所进行的每一个活动、每一个环节的紧密联系，宏观地调整、控制教育过程，切实发挥教育的主导作用与学前儿童的主体作用。

操作结束后：首先，对操作结果进行知识性的评价，可以将学前儿童在操作过程中获得的零星的、粗浅的、感性的经验条理化和理性化，使其形成一定的认知结构，帮助学前儿童形成比较完整的、正确的数学概念。其次，对操作技能进行评价，组织学前儿童交流、示范、讨论各自的操作方法，评一评谁的操作规范，谁的方法最好，在互帮互学中培养学前儿童科学规范的操作技能，提高比较、辨别的能力，促进数学语言的发展。最后，对学前儿童的非智力因素进行评价，评一评哪一个小组合作得最好，哪一位小朋友最能克服困难，哪一件作品最精细，以培养学前儿童从事数学学习的良好品质和实事求是的科学态度。

5. 要体现出年龄差异

根据学前儿童的实际水平和年龄特点，不同年龄班运用的操作法是不相同的。如小班儿童不仅每人都有一份操作材料，而且要求他们自己动手、摆弄的机会更多一些；而大班儿童则使用一些书面类的操作材料，如粘贴、涂色、记录等，也可能是每个小组都有一份操作材料，以培养他们的协作能力。

6. 要与其他方法有机结合

操作法并不是学前儿童学习数学的唯一方法，它的优势在于能够帮助学前儿童理解、建构数学概念，但它需要和其他方法有机结合、相互配合才能显现出其独特的作用。因此，强调在数学教育中充分发挥操作法作用的同时，也要考虑它与其他多种方法的有效结合，以促进学前儿童数学思维的发展。

二、游戏法

游戏法是根据学前儿童好动的天性，具体形象的思维特点，将抽象的数学知识寓于学前儿童感兴趣的游戏中，让学前儿童在自由自在、无拘无束的各种游戏中学习数学的一种方法。

（一）学前儿童数学教育中的游戏

学前儿童数学教育中的游戏是一种运用于教学中的有规则的游戏，是在教学过程中用以完成一定教学任务的游戏。它有规定的动作和规则，教师可以将要求学前儿童掌握的初步的数学知识和技能，渗透到规则和动作中去，学前儿童在游戏的过程中，必然会引发不同程度的观察比较、分析综合、抽象概括以及判断推理、形成概念等积极的思维过程，从而使游戏成为学前儿童获得数学知识和发展思维的有效方法。

（二）游戏法的种类

游戏法的种类主要有以下几种。

（1）操作性数学游戏。其是指学前儿童在操作玩具和实物材料时，按照游戏规则学习数学的一种游戏。

教学活动

钓鱼

目的：练习10以内加减法。

准备：硬纸制成的各种小鱼若干条，每条鱼上别上曲别针，钓竿数根，鱼钩可以用一小块吸铁石代替，卡片若干张（每张卡片上分别写有“1+2=”“4+2=”的计算题当作钓鱼的票证）。

玩法：钓鱼前学前儿童先拿几张票证，算出票面上试题的得数，按照得数去钓鱼。

（2）情节性数学游戏。这类游戏有情节，有主题，可使学前儿童在一定的情境中学习数学。

教学活动

买玩具

目的：练习5以内的序数。

准备：3层小货架一个，每层上面摆5个学前儿童喜欢的玩具。

玩法：学前儿童扮演顾客，教师扮演售货员，学前儿童买玩具时需说出要买第几层第几个什么玩具。如：“我买第3层的第2个汽车玩具。”若说对了，教师就把玩具拿给学前儿童。

（3）运动性数学游戏。其是指与体育活动结合起来，在活动的同时学习相关的数学知识。

教学活动

变成单双数

目的：巩固对单数、双数的认识。

准备：比较开阔的场地。

玩法：学前儿童拉起圈边走边唱儿歌。教师说："请小朋友变成双数。"学前儿童自由选择伙伴抱在一起，必须是2、4、6等双数。教师引导学前儿童点数、检查。然后以同样的方式让学前儿童组合成单数。

（4）竞赛性数学游戏。此类游戏加入了竞赛成分，竞赛可以在个体之间或小组之间进行。竞赛性数学游戏有助于促进学前儿童思维敏捷性和灵活性的发展，也有利于学前儿童之间的合作与交流，增强其竞争意识。

教学活动

图形棋

目的：复习对圆形、三角形、正方形的认识。

准备：纸制棋盘一张；棋子若干；骰子一个，六面分别是1～6的圆点。

玩法：玩时先由一位学前儿童抛骰子，然后根据骰子上的圆点数走相应数量的格子。例如，骰子上的圆点数是2，棋子就向前走两格，并说出这个格子内的图形名称及其颜色或大小特征，如"红色三角形""大的三角形"。对能力强的学前儿童，可鼓励其说出图形的三维特征，如"大的红的三角形"。另一位学前儿童同法操作。两名学前儿童依次轮流抛骰子，先到终点红旗处者为胜。

（5）运用各种感官的数学游戏。设计此类游戏旨在让学前儿童通过听觉、触觉等来学习相关的数学知识。

教学活动

摸 箱

目的：比较粗细。

准备：较大的纸箱一个，上面挖一个大孔，纸箱里放各种不同粗细的物品（如饮料罐、小棒等）。

玩法：采用击鼓传花的形式，轮到的学前儿童来摸箱。教师说："请你摸出两样东西。"可以依次摸出，学前儿童摸出物品后进行比较，并说出比较结果。如："我摸到的是电池和铅笔，电池粗，铅笔细。"

三、比较法

（一）比较法的含义

比较法是通过对两个（组）或两个（组）以上物体的比较，让学前儿童找出它们在数、量、形等方面的相同和不同的一种学习方法。比较法是学前儿童数学教育中的重要方法之一，被广泛地运用到数学教育的各项内容和各年龄班中。

比较是人们认识世界的手段。比较是一个思维的过程，是在物体之间的某些属性上建立关系的过程。如认识两根小棍的长短，学前儿童需要对它们进行比较，从长度这一属性上把两根小棍联系起来（建立关系）考虑，才能做出判断。

（二）比较法的分类

1. 按比较的性质分：简单的比较和复杂的比较

（1）简单的比较，指对两个物体（组）的量或数的比较。两个物体间量的比较，是两个物体在大小、长短、高矮、粗细、宽窄和厚薄等特征方面的比较。如比较两本书的厚薄、两根线的粗细等。这种量的比较应将物体放在一起才有利于比较的准确性，可避免学前儿童因物体之间的距离造成视觉上的误差。两个物体数的比较，如 2 和 3、3 和 4 的比较等也属于简单的比较。

（2）复杂的比较，指两个以上物体（组）的量或数的比较。复杂的比较又可叫作连续比较。因为它是连续进行的两个物体（组）间的比较，以简单比较为基础，构成了被比较对象之间较为复杂的关系。例如，教学前儿童进行小、中、大 3 个皮球的比较，需先对小、中皮球进行比较，再进行中、大皮球间的比较，最后再以中皮球为中心与小皮球和大皮球进行比较，比较出中皮球比小皮球大、比大皮球小的相对性关系；或者在小、中和中、大皮球之间进行比较后，不进行大皮球和小皮球之间的比较，让学前儿童推理出大皮球比小皮球大的传递关系。又如，用3以上数字进行的相邻数字比较以及对3个以上10个以内的物体按某一特征进行排序等，均属复杂的比较。另外对物体（组）两个以上特征的比较也是复杂的比较。例如，按颜色和形状将物体（组）进行分类或排序等。

2. 按比较的排列形式分：对应比较和非对应比较

（1）对应比较。对应比较又可分为重叠比较、并放比较和连线比较三种比较法。

① 重叠比较。把一个物体（组）重叠在另一个物体（组）上，形成两个物体（组）之间一对一的对应形式，进行量或数的比较。例如，将4只瓢虫一只只地重叠在4片树叶上，以比较它们的数量是相同还是不相同。又如，将正方形重叠在同宽度的长方形上面，比较正方形和长方形的不同。

② 并放比较。把一个物体（组）并放在另一个物体（组）的下面，形成两个物体（组）之间一对一的对应形式，进行量或数的比较。例如，将5朵红花一朵一朵对应地放在4朵黄花的下面进行比较。

③ 连线比较。将图片上面的物体和有关的物体、形状或数字等，用（画）线联系起来进行比较。

（2）非对应比较。非对应比较又分为单排比较、双排比较和变式比较三种比较法。

① 单排比较。将物体摆成一排或一行进行比较。

② 双排比较。将物体摆成双排进行比较。如异数等长、异数异长、同数异长等。

③ 变式比较。将一组物体做不同形式的排列，进行数量比较。

四、讨论法

（一）讨论法的含义

讨论是引导学前儿童有目的、探讨性地主动学习数学的一种重要方法。它是一种双边或多边的活动过程，可以是教师与学前儿童之间的讨论，也可以是学前儿童与学前儿童之间的讨论，它能够起到互相交流、互相启发、共同探究的作用，进而促进分析、归纳的效果，有利于学前儿童对数的概念的初步形成及思维的发展。

（二）讨论法的分类

（1）从讨论的时机来分，可以分为有计划的讨论和随机性讨论。

前者是指教师针对某一问题有目的、有计划地组织学前儿童开展的讨论。后者是指根据教学的进展情况和学前儿童的反馈随时开展的讨论。这种讨论针对性强，有利于帮助学前儿童解决在学习过程中遇到的障碍。

有计划的讨论可以在操作前进行，目的是了解操作内容、操作材料及操作规则。这种讨论主要伴随着对范例和演示活动的分析进行。如："看看珠子是怎么排列的？"通过这一讨论，使学前儿童懂得了要先找出珠子的排列规律，才能按排列规律接着串。这样既有利于学前儿童掌握操作要求，又有助于提高他们的分析能力。有计划的讨论也可以在操作以后进行,可以引导学前儿童对数的各种体验进行整理,以帮助学前儿童对某一问题进行分析、归纳,从而获得正确的数学概念。例如,在对有关形体进行操作后,讨论形体的特征;在对有关数组成进行操作后,讨论数组成的关系等。这些讨论的着眼点都在于帮助学前儿童对所获得的感性经验进行抽象概括,使他们把自己对事物的外部特征的认识转向内在的、有规律的思考。

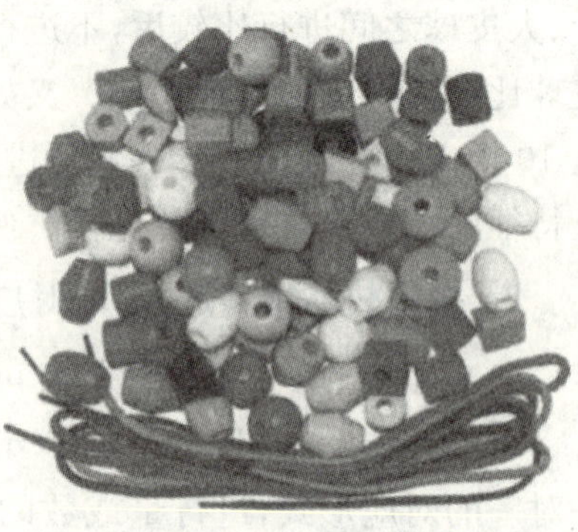

图 3-4　学前儿童进行手工串珠的教具

随机性讨论则是根据操作的进展随机进行的。如在对图形块进行分类的操作中,大多数学前儿童是按颜色、形状的标准给图形块分类的,当发现有人按厚薄标准分类时,便可趁机让他们讨论:“你们看,这个小朋友和你们分的有什么不同?”这样就能扩展学前儿童的思路。虽然这种讨论不是列入计划的,但它的针对性强,是有目的、有计划的教育的一种完善和必要的补充。

(2) 从讨论的功能来分,可以分为辨别性讨论、修正性讨论、交流性讨论和归纳性讨论。

辨别性讨论常常用于对两种或两种以上的内容进行比较。如用四种颜色的笔描画出长方形、正方形后,要求学前儿童讨论:“这两种图形有什么相同之处?有什么不同之处?”教师鼓励他们充分讨论、仔细辨别,从而进一步感知两种图形的特征。进行这种讨论时,着眼点不在于追求答案,而在于使学前儿童学会比较和积极思考。

修正性讨论是通过讨论,让学前儿童认识到操作中的谬误所在,目的在于通过讨论来认识操作中的错误,从而发现问题,并提出修正办法。

交流性讨论的目的在于通过讨论获得多种答案,注重求异,丰富知识经验。

归纳性讨论的目的在于帮助学前儿童归纳操作中的体验,使之条理化、概念化。

(三) 运用讨论法的注意事项

(1) 要以操作体验为基础。学前儿童在开展讨论前应具有一定的知识经验和心理准备。讨论往往是伴随着操作活动而展开的,学前儿童有了一定的感性认识,才能对要讨论的内容做出积极的反应,才能接受讨论的最终结果,因此,操作体验是讨论的基础。

(2) 要注重讨论的过程。学前儿童数学学习的重点不在于知识的传授,而在于促进思维的发展。教师应鼓励学前儿童积极参与讨论,并注意倾听学前儿童的操作体验,观察、分析他们在讨论中的反应,了解他们的思维活动过程,鼓励他们积极发表意见,引导他们自己得出结论。

(3) 要因材施教。由于学前儿童发展水平和能力各不相同,参加讨论的主动性也不相同。教师应通过较简单问题引入讨论,给学前儿童创造更多的自由讨论的时间和空间,在宽松自由和无拘无束的讨论环境中帮助学前儿童克服自卑感、紧张感,鼓励他们大胆说出自己的意见,以帮助他们树立自信心。

五、讲解演示法

讲解演示法是指教师通过向学前儿童展示直观教具并配合以口头讲解，把抽象的数、量、形等知识、技能或规则，具体地呈现出来的一种教学方法。这是一种讲解与演示相结合的方法，就是边讲解边演示。因为抽象的数概念是不宜对学前儿童用单纯口头讲解的方式来教授的，而且演示本身又离不开成人口头语言的讲解。

例如，小班儿童初学计数，教师可用讲解演示法予以示范，教师用右手的食指一边逐个地点桌面上排成一排的玩具小汽车，一边说明："现在老师用右手手指，从左边开始，点一辆小汽车，说一个数，1、2，一共 2 辆小汽车。"在说出一共是 2 辆小汽车的同时用手指在这 2 辆小汽车的周围画一圆圈（表示集合），以示 2 的总数意义。在这一过程中既讲解了如何正确地进行计数，又直观地呈现了 2 的实际含义，从而帮助学前儿童掌握计数的技能和理解数的含义。随后再让学前儿童自己操作实物学习点数。

讲解演示法是学前儿童数学教育的主要方法。在学前儿童学习一些难以理解的新内容或遇到较多学前儿童尚未很好掌握的某个内容的难点或游戏规则时，可运用讲解演示法，作为帮助学前儿童克服困难、引导思路的数学方法。但我们应审慎地运用讲解演示法。长期以来，学前儿童数学教育活动过多地、不适宜地运用讲解演示法的现象甚为普遍，几乎不看教育对象的年龄和水平，不管什么内容，均以讲解演示为主，灌输知识，这不符合《幼儿园工作规程》所要求的让学前儿童得到生动、活泼、和谐的发展的精神和数学教育发展学前儿童思维的宗旨。因此，我们应有选择地、有针对性地运用讲解演示法。

运用讲解演示法时，应注意以下问题：

（1）必须突出重点。讲解演示法应围绕要求学前儿童掌握的知识和技能，不要使其他细节分散学前儿童的注意力。

（2）讲解时语言要简练、准确、生动、形象和通俗易懂。

（3）演示的直观教具要真实、美观、整洁，并为学前儿童所熟悉的物体，以免用新奇的教具分散学前儿童的注意力。

六、启发探索法

启发探索法是教师在教学过程中，依靠学前儿童已有的数学知识和经验启发他们去探索并获得新的知识。这是学前儿童在教师的指导下学习数学的一个重要方法，也是在数学活动中启迪学前儿童积极思维的不可缺少的方法之一。

学前儿童对他们周围生活中的事物总是抱着极大的好奇，常常动动这，摸摸那，将玩具拆开看个究竟，向成人提出一连串的为什么，这些都是学前儿童探索活动的表现。学前儿童数学知识的获得是他们通过动作，在自己头脑中对事物的数、量、形、时、空等知识构建起来的结果，任何外部力量都不能替代。因此，探索活动正是学前儿童依靠自己的力量达到这一目的的最佳途径。在探索活动中，学前儿童运用已有的数学知识和经验，积极思考，发现问题，寻找答案。但学前儿童的探索活动需要成人的启发、诱导和帮助。在教学过程中，教师的任务就是通过运用启发式的教学方法来引导学前儿童开动脑筋、积极思考去扩充数学知识。

知识链接

很多孩子都喜欢问“为什么”，这些“好奇宝宝”常常一个问题接着一个问题，弄得教师和家长都有些招架不住了。其实，这表明孩子在仔细观察这个世界，有强烈的好奇心，喜欢并探索着。教师和家长千万不要不耐烦，尽量耐心地回答，或者是鼓励孩子自己找到答案。

启发探索法最大的特点，就是激发学前儿童的兴趣，最大限度地调动学前儿童学习的主动性、积极性，引导学前儿童通过积极地思考，独立地去探索并获取新的知识。

学前儿童数学学习的启发探索法，主要通过教师的具有启发性的提问进行，通过提问来引起学前儿童开展积极的探索活动。提问的方式是多种多样的。例如，正面提问和反面提问，小班儿童比较两组物体数量的多少时，教师问：“哪个多？哪个少？还是一样多？”这是正面提问。大班儿童认识3个相邻数之间的关系时，教师可正面提问：“7的邻居（好朋友）是几和几？”还可以反过来问（反面提问）：“6和8都是谁的邻居？”又如一般提问和具体提问。一般提问指提出的问题本身是一般性的问题，问题不包含任何暗示；具体提问指问题本身就包含有解答问题方法上的暗示，但暗示的程度可以有所不同。如大班学前儿童在认识立方体时，可以让他们将平面正方形与立方体（立方体的每个面都与平面正方形等大）进行比较，教师提出的问题可以是“正方形和立方体什么地方不一样？”（一般提问），这个问题包含的内容较广，对此学前儿童可能做出各种回答，个别学前儿童可能会说出立方体有许多面；教师可进一步提出：“立方体到底有几个面？”（具体提问），这个问题只指向组成立方体的面有多少，因而比一般提问具体化了。在数立方体面的数量时，会有部分学前儿童拿着立方体翻来覆去数不清，对这些确有困难的学前儿童再提示：“你从不同的方向数数看”，甚至直接告诉学前儿童“你从上面、下面、左面、右面、前面、后面都数一数看看有几个面”，这就是带有暗示解决问题方法的具体提问。但提出从不同的方向和直接告诉上下、左右、前后等方向这两种具体提问的暗示程度不同，后者几乎不具暗示性，因而它们要求学前儿童在探索中做出的思维努力也不相同。另外，追问也是提问的一种方式，它往往用在要求学前儿童对自己的回答做出证明或申述理由时。例如中、大班学前儿童对数或形的守恒做出了正确的判断后，教师进一步追问：“为什么它多呢？”“为什么它们的颜色不一样，还都是三角形呢？”追问可促使学前儿童对有关的数学知识做进一步的探索，并培养他们最初的逻辑思维能力。

启发探索法适用于各个年龄段的学前儿童，应贯穿于教学的全过程。这种方法的关键在于教师要善于提问，所提问题能起到引导学前儿童思路、引导探索方向的作用。教师提出问题后，要鼓励每个孩子独立地思考。在此前提下，也要创造条件开展学前儿童之间的共同探索活动，因为有时孩子们之间对数的讨论或争论更具有启迪作用。另外，运用启发探索法既要面向全体，也要注意个体差异。学前儿童对问题的探索能力是不同的，教师应鼓励并帮助有困难的学前儿童，更应赞扬那些虽然未得到正确答案但能积极进行探索的学前儿童。

案例分析

冉冉5岁了。家里吃晚饭时，妈妈会让冉冉帮忙：把碗拿到餐桌上。每次拿碗，妈妈都要问冉冉拿几个。

最开始，冉冉回答说不知道拿几个碗。妈妈告诉他，爸爸、妈妈、爷爷、奶奶和冉冉，每个人需要一个碗。

后来，妈妈再问冉冉的时候，他已经知道需要拿5个碗了。

有一天家里来了一位客人，冉冉跑到厨房，拿了6个碗，主动要求增加一个。他觉得一次拿不完，所以分两次拿。

分析：冉冉的进步既体现在他帮助妈妈分担家务上，做些力所能及的事，又体现在他在不断学习相关数学知识。

七、归纳法和演绎法

我们在学习、科学研究和日常生活中，时时刻刻都得运用推理的方法。推理是逻辑思维的重要形式，也是学习数学的重要能力。由于数学具有高度的抽象性和严密的逻辑性，所以不论初等数学还是高等数学，都是以逻辑推理的形式来表述量的关系和空间形式的。如何进行推理，是思维方法的问题。归纳法和演绎法则是人们进行归纳和演绎推理的两种最基本的方法。

学前儿童学习的一些简单的初步数学知识，同样具有抽象性和逻辑性的特点，它既要求学前儿童具有初步的推理能力，又能通过对数学知识的学习来提高学前儿童简单的推理能力。学前儿童心理学认为，通过教育，到学前儿童中期，对于有一定知识经验的事物，学前儿童逐渐能够运用初步的归纳法和演绎法进行推理。因此，在学前儿童中、后期的数学教学中引导学前儿童运用归纳法和演绎法进行学习，是十分重要的两种方法。

学前儿童数学教育的归纳法是指在学前儿童已有知识的基础上，概括出一些简单的本质特征或规律以获得新的数学知识的方法。这是从特殊到一般的思维方法。如中班儿童认识了总数为5的各种各样的物体之后，能从不同颜色、不同大小以及不同排列方式的若干张物体卡片中归纳出“它们数都一样，都是5个”的结论。又如大班儿童认识了10以内数及其相邻关系后，能从中概括出“10以内自然数列中的任何一个数都比前面一个数多1，比后面一个数少1”的普遍规律性的知识。

学前儿童数学教育的演绎法是指学前儿童运用一些带有规律性的知识进行推理以获得新的数学知识的方法。这是从一般到特殊的思维方法。如当大班儿童通过学习4和5的组成，掌握了以上部分数之间的互补和互换关系之后，他们能运用这一规律推理出6～10各数的组成形式，起到举一反三的作用。

教师应重视引导学前儿童运用归纳法和演绎法进行数学学习，以促进学前儿童初步推理能力的发展。在运用归纳法和演绎法时应注意：

(1) 要在学前儿童具有必需的知识和思考能力的基础上运用归纳法和演绎法。

(2) 归纳法和演绎法是学前儿童学习数学知识的思维方法。教师要启发并引导学前儿童运用归纳法和演绎法，不要越俎代庖。

(3) 归纳法和演绎法一般宜对中、大班的儿童使用，但也应视学前儿童的具体情况而定，不可强求，以免流于形式，达不到预期的效果。

课后练习

1. 简述学前儿童数学教育活动的主要途径。
2. 举例说明数学教育活动和数学区角活动各自的优点和不足。
3. 什么是比较法，比较的方式有哪些？试举一例说明。
4. 联系幼儿园的实际，举例说明数学教育活动的一般方法。

项目四

学前儿童集合概念的发展与教育

项目分析

集合既是现代数学的基础，也是数学中一个最基本的概念。在当代数学教育改革中，重视对集合概念的教学已成为共识。集合概念对学前儿童数学的学习和逻辑概念的形成起着基础的作用。集合的观念及其运算是学前儿童学习数学概念的感性基础。帮助学前儿童早期逻辑入门的最合适、最自然的原始材料是具体东西的集合和对它们的初等运算。学前儿童感知集合的教育，主要是在数学教育中渗透集合的一些观念，将集合元素及集合与子集的关系渗透到数学教育内容中去，这有利于学前儿童对数学概念的学习，也有利于学前儿童思维能力的发展，并为学前儿童以后的数学学习打下良好的基础。

学习目标

1. 了解学前儿童集合概念发展的阶段与特点。
2. 理解并能够运用学前儿童感知集合的教育活动。

案例导入

大班“动物找家”活动

环节一：教师出示一些动物图片，让幼儿围绕动物住哪里的话题展开讨论。

环节二：幼儿动手操作，将这些动物送回家。

环节三：讨论交流，有些幼儿将动物分成“天上飞”和“陆地走”两类，有些幼儿将动物分成“水里”和“陆地”两类，其中有表示“鳄鱼”家在水中时，有的儿童提出“鳄鱼是两栖动物”。于是围绕“鳄鱼”应该放在哪个家里，展开进一步争论，有的说放到中间，有的说放到另外一个家里。此时,教师适时提出挑战:"只能放在这两个圈组成的家里,你们有什么办法?"随着问题的交流和推进,孩子们想到了用"两个圈叠交起来"组成第三个家的办法。

环节四:教师总结小朋友们的想法,并归纳了中间相交的一个家与另两个圈里动物的关系。

分析:本次活动的目标是根据常见动物的生活习性对动物进行分类并感知交集。在这个教学活动前教师组织幼儿收集了大量的动物图片,积累了非常丰富的关于动物的知识经验。通过组织幼儿围绕这些动物住在哪里展开讨论,其实是在帮助幼儿回忆、提取后面要进行的分类活动的相关经验,而这些经验对帮助幼儿建构"交集的概念"是很有用的。如果幼儿对动物的经验回忆是随意的,那么幼儿间思维的碰撞和交流提炼的效果就会受到较大的影响。所以在教学中帮助儿童回忆经验对于教学的成败至关重要。

任务一　学前儿童集合概念的发展

很多人认为,学前儿童学习集合这一概念为之过早,而且学起来比较难。实际上,集合概念并不是死板、难以理解的,而是丰富多彩的。

一、集合及其元素

(一)集合的定义

在数学中,把具有某种相同属性的事物的全体称为集合。集合的"相同属性"可以是物体的名称,也可以是物体的某一特性。例如,颜色、形状、功能、用途等。它既是一个集合的标志,又是组成一个集合的依据。如在日常生活中孩子常把苹果、香蕉、橘子……放在一起,组成一个集合,称为水果;把小汽车、小手枪、皮球……放在一起,组成一个集合,称为玩具。组成集合的每个对象叫作这个集合的元素。例如,将小班的所有小朋友组成一个集合,其中每个小朋友是这个集合的元素;又如,将小明所有的玩具组成一个集合,其中每件玩具就是这个集合的元素。

学一学·练一练

请小朋友们找一找，哪一个图标是不同的。

图 4－1　学前儿童设计的找不同图标

(二) 集合的特征

一般来说，集合的元素具有三个特征。首先是确定性，即任一元素都能确定它是否为某一集合的元素。如香蕉、苹果是水果集合中的元素；萝卜、白菜是蔬菜集合中的元素。但香蕉、苹果、萝卜、白菜又都是食物集合中的元素。其次是互异性，即集合中任何两个元素是可以区分的。如一个集合可以表示为{1,2,3}，但不能表示为{1,1,2,3}，其中的“1,1”元素是相同的，只能作为一个元素。第三是无序性，即不需要考虑元素之间的顺序，只要元素相同，就可认为是同一集合。例如{2,4,6,8}和{6,2,8,4}就可以看作同一集合。

(三) 集合的分类

集合中的元素，可以是一个，也可以是许多个，根据集合中元素的个数情况，把集合分为有限集合、无限集合和空集。有限集合是指由有限个元素组成的集合，如 10 以内自然数的集合。无限集合是指由无限个元素组成的集合，如自然数的集合。若集合中一个元素都没有，则称为空集。如吃光了的饼干空盒也可以被理解为一个空集。每个班级都可以理解为一个集合。

(四) 集合的表示方法

集合的表示方法一般有列举法、描述法和文氏图(韦恩图)表示法。列举法就是把集合中的所有元素一一列举出来，写在“{　}”里。例如，10 以内的单数集合可表示为{1,3,5,7,9}。描述法就是把集合中元素的公共属性描述出来，写在“{　}”里。例如，由 2,4,8,10 组成的集合可表示为{10 以内的双数}。文氏图表示法就是把集合中的元素用一条封闭曲线圈起来用以表示集合的方法。用文氏图来表示集合，可以比较直观地让学前儿童感知和理解元素和集合间的关系，因此，在学前儿童数学教育活动中，文氏图表示法被广泛应用。如教师在教小班儿童计数时，在手口一致点数的基础上，在点数物外面用手画一个圈，并说出总数。

一般来说，集合之间存在着包含关系和相等关系。包含关系是指一个集合中的部分元素还可以组成另一集合，这个由集合中一部分元素组成的集合就是原来集合的“子集”。例如，小狗的集合就是动物集合的子集。像这样的集合与子集的关系就是一种包含关系。相等关系是指如果两个集合间的元素是完全相同的，这两个集合就是相等关系。例如，A={1,2,3,4}，B={小于5的正整数}，则A和B两个集合就是相等关系。

集合和集合之间还存在运算关系，即通常所指的交集、并集、差集、补集的运算，就像数与数之间可以进行加、减、乘、除运算一样。两个集合的交集是同时属于两个集合的元素组成的集合；并集是所有属于两个集合的元素组成的集合；补集是由全集中所有不属于它的子集的元素组成的集合；差集是由属于一个集合而不属于另一集合的元素组成的集合。

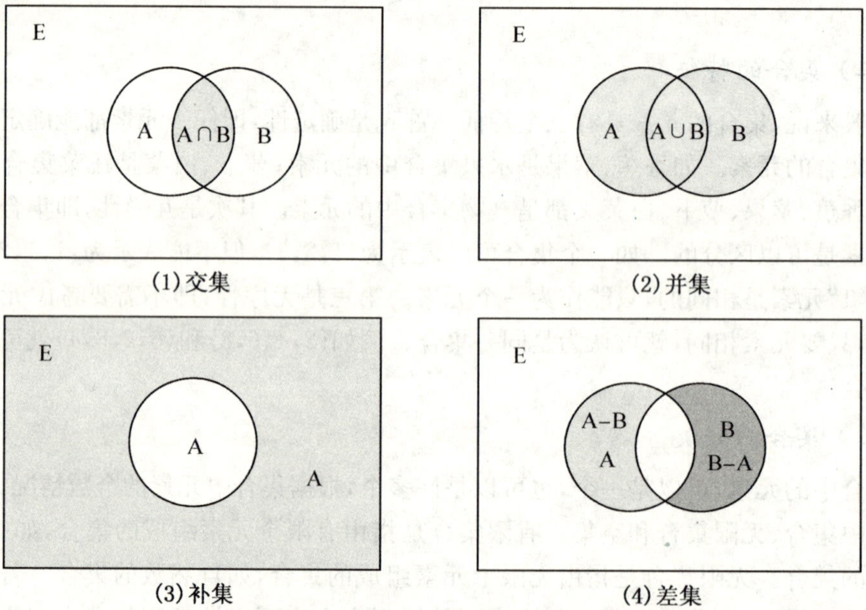

图4-2　集合类型

二、学前儿童集合概念的发展和年龄特点

学前儿童集合概念的发生、发展，经历的是一个由泛化笼统到精确的过程。一般可分为四个阶段：对集合的笼统知觉阶段、感知有限集合的界限阶段、感知集合元素的阶段、感知集合的包含关系阶段。

(一) 对集合笼统知觉阶段(2～3岁)

2～3岁的学前儿童产生了对集合的笼统知觉，但这种知觉是泛化的。国内外的一些研究表明，2～3岁的学前儿童对集合的感知是没有明显集合界限的，而只是一种相当笼统的感知，也就是对元素模糊的泛化的知觉，表现为他们倾向于要“多”的糖果，或用“多多”“好多”表示，但看不到集合的范围和界限，同时也不能一个接一个地感知集合中的元素，还没有精确地意识到元素的数量。如果让学前儿童用重叠法感知一个集合中的元素，他们往往会将物体摆出了集合的范围。例如，如果在学前儿童玩一组物体(如5块积木)时，成人在他们不注意的情况下拿走其中一两件物体，这时对集合中部分元素的减少，学前儿童是觉察不到的。

(二) 感知有限集合的界限阶段(3～4岁)

3～4岁的学前儿童已经能够逐步感知集合的界限，对集合中元素的知觉也从泛化向精确过渡。首先，这一阶段的学前儿童，能在集合的界限以内感知集合了，重叠集合中的元素能不超出集合的界线，而且，所摆放的元素逐步达到一一对应。实验证明，学前儿童能完成一个杯子配一个杯盖的动作的人数比例分别为：3岁半时有50%，4岁时就高达84%了。从这一实验中可以看出，3岁半至4岁是学前儿童对应能力迅速发展的阶段。因此，学前儿童从3岁以后就可以不用数，而用对应比较的方法，来确定两个物体组之间的等量或不等量关系。但是，他们还缺乏对集合元素的明确知觉，在感知作为结构完整的统一体的集合时，注意力往往集中在集合的界线上，表现在计数过程中，学前儿童的手和眼的运动是从两边向中间移动的。例如，游戏“来了新朋友”，让学前儿童数数看有几个娃娃来小一班做客，学前儿童从左往右数娃娃时，就用左手数，从右往左数娃娃时，就用右手数。其次，这个阶段的学前儿童，已初步具有了简单的分类能力。类是一个逻辑学上的概念，从数学上讲，类就是集合。由于学前儿童已能初步感知集合的界限及元素，所以学前儿童就能将一类(集合)事物的每一个物体归在一起，形成一类。但3～4岁学前儿童只能做初步和简单的分类活动，他们的分类主要是按物体明显的外部特征如形状、大小、长短等进行分类的。例如，从大小、形状相同，颜色不同的花朵卡片中，取出红色花朵的卡片并放在一起等。实验证明，在教育的影响下，小班儿童已能够对常见事物进行分类，如把苹果放在一起，把香蕉放在一起，而且，这个阶段的学前儿童已初步能按物体的大小、颜色、形状、长短等进行分类。能够完成这些基本分类的学前儿童，小班平均人数可达88.8%。但这个阶段的学前儿童还不能理解集合(类)的包含关系。

学一学·练一练

分饼干

教师准备两盒饼干，为每个小朋友分发（视饼干大小而定数量）。教师要告知分发的规则，如每个人分3块。对于吃完还想要的小朋友，教师要告诉他们，教师和每个人都要分享饼干，每个人分的都一样。

（三）感知集合元素的阶段（4～5岁）

4～5岁的学前儿童已能准确地感知集合及元素，他们能把一个集合的元素与另一个集合的元素进行一一对应的摆放，并能初步理解集合和子集的包含关系。同时，提高了按物体的某一特征分类的能力。他们除了能很好地完成小班的各种分类要求外，还可按物体的简单用途和数量分类。但是这个阶段的学前儿童在直观条件下，通过对集合（类）和子集（子类）做比较，只能初步理解它们之间的包含关系。

（四）感知集合的包含关系阶段（5～6岁）

5～6岁的学前儿童对集合的理解进一步提高和扩展，能理解集合的不同特征，能从不同角度认识、理解物体集合，并掌握了按事物的两种特征进行分类的方法。例如，从一组不同颜色、不同大小和形状的几何图片中把红色的、大的图片拿出来，或者把大的、圆形的图片拿出来，等等。同时，这个阶段的学前儿童能较好地理解集合和子集的包含关系。上述实验还表明，6岁的学前儿童理解包含关系的人数比例，已从5岁时的45%上升到65%，所以可以理解并可按高一级的类概念要求进行分类，如按蔬菜、水果、树等一级类概念分类。对集合和子集之间关系的理解有所发展，也表现在大班儿童能够懂得数的组成和加减运算中数群和子群之间的关系，学前儿童能够做到在理解的基础上掌握数的组成和加减运算方法。

对学前儿童进行感知集合的教育，强调在学前儿童数学教育中渗透集合的思想，目的是为学前儿童正式学习计数和掌握初步的数概念等做好准备，打好感性知识的基础，并不是要求学前儿童掌握关于集合的名词和术语，而是在活动中让学前儿童获得实际的体验与感知。

任务二 学前儿童感知集合的教育

学前儿童感知集合的教育是指在不教给集合术语的前提下，让学前儿童感知集合及其元素，学会用对应的方法比较集合中元素的数量，并将有关集合、子集及其关系的一些思想渗透到整个学前儿童数学教育的内容和方法中去。学前儿童感知集合的教育内容主要包括：分类教育活动、区分“1”和“许多”的教育、比较两组数量关系的教育等。

一、分类教育活动

（一）分类活动的意义

分类就是把具有相同特征的物体归并在一起。分类活动是感知集合教育的重要内容。

(1) 分类活动可以帮助学前儿童感知集合并逐步形成关于物体的集合概念。当学前儿童把具有共同特征的物体归放在一起时，他们也就对这些物体集合元素有所感知了。

(2) 分类是计数的前提，是形成数概念的基础。人们要了解某类物体的数量，必须先将这类物体与其他的物体区分开来，然后才可能正确计数。

(3) 分类经验的获得有利于学前儿童掌握数的组成和加减运算。学前儿童在分类活动中，获得的对整体与部分关系的认识，为学前儿童学习数的组成和加减运算打下了必要的基础，因为数的组成和加减运算反映的就是集合与子集之间的关系，也就是总数与部分数之间的关系。

(4) 分类能促进学前儿童思维能力的发展。学前儿童要将一组物体进行分类，需要经过辨认（分析）和归并（综合）两个步骤。按照某一标准，对物体进行逐一辨认和比较，找出它们的相同点和不同点，这就是对问题进行分析、比较的过程。在此基础上，再将具有同一特征（即具有相同特征）的物体归并在一起，这是综合的过程。所以说将物体进行分类，这是思维进行分析、综合、积极活动的过程，是学前儿童思维能力得到锻炼和发展的过程。

（二）常见的分类方式

1. 按物体的名称分类

这种分类方式是把相同名称的物体放在一起。例如，把玩具放在一起、图书放在一起、衣服放在一起等。

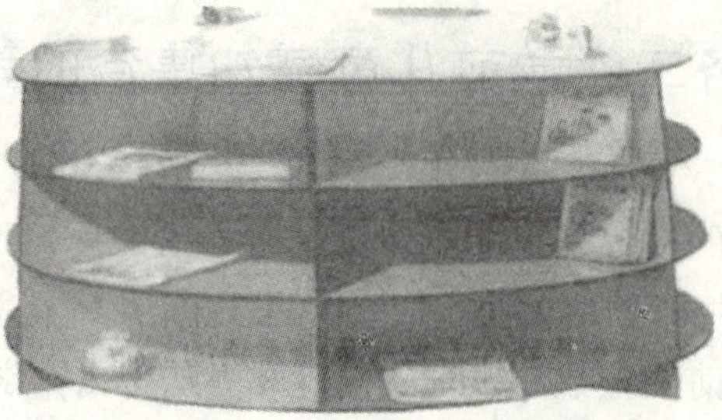

图 4-3　某幼儿园为孩子设置的图书角

2. 按物体的外部特征分类

这种分类方式即按物体的颜色、形状等进行分类。例如，大小、颜色、形状各不相同的几何图形，按颜色将红颜色的三角形、正方形、长方形图形放在一起，或按形状将红颜色、黄颜色、蓝颜色的正方形放在一起，如图 4-4 所示。

图 4-4　按形状分类

3. 按物体量的差异分类

这种分类方式即按物体大小、长短、粗细、厚薄、宽窄、轻重等量的差异进行分类。例如，将图书按厚薄分别放在不同的书架上，把大的皮球和小的皮球分别放到两个筐子里等。

学一学 · 练一练

准备气球、足球、篮球、乒乓球，请学前儿童进行分类。
请他们说一说为什么这么分。

4. 按物体的用途分类

按照物体的用途不同，可以将物体分为不同种类。例如，将自行车、摩托车、公共汽车等图片归为一类，它们都属于交通工具；将裙子、短裤、毛衣、羽绒服等图片归为一类，它们都属于服装。

图 4-5　某幼儿园的分类架

5. 按物体间的联系分类

这种分类方式是按照物体间的联系进行分类。例如，分别将手和手套、钥匙和锁、雨鞋和雨伞、厨师和炒勺、医生和听诊器等的图片分别归并在一起。

6. 按物体材料的性质分类

这种分类方式是按照物体材质的不同进行分类。例如，将木头制作的积木、玩具小手枪、家具模型，塑料制作的插塑、玩具电话、小动物模型，各种不同的纸如电光纸、牛皮纸、宣纸、蜡纸等分别归类，如图 4-6 所示。

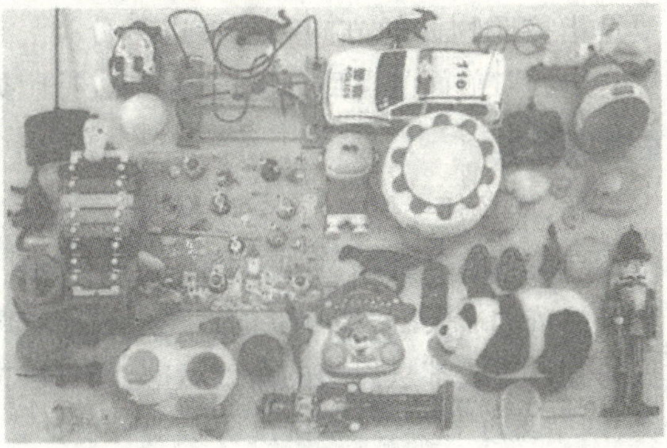

图 4-6　按物体材料的性质分类

7. 按物体的数量分类

按物体的数量分类是指将相同数量的物体归并在一起的分类方式。例如，把数量只有一个的娃娃、小碗、苹果放在一起；又如，把两条腿的、四条腿的动物进行分类。

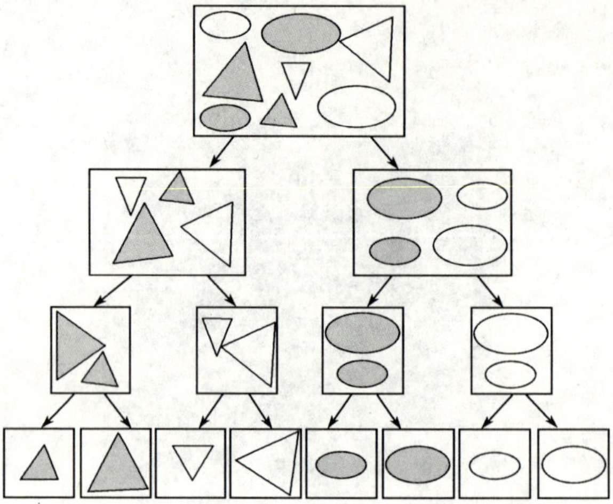

图 4-7　按物体的数量进行分类

8. 按所属的关系分类

这种分类方式是按照物体的所属关系进行分类。例如，将物体按“你的”“我的”“老师的”“工人的”等类别进行归类。

9. 按时间分类

这种分类方式主要是指按照时间来进行分类。例如，将物体按“今天的”“昨天的”“今年的”“去年的”“以前的”“现在的”等类别进行归类。

10. 按空间方位分类

这种分类方式主要是指按照物体的方向和位置进行分类。例如，将物体按“上面的”“下面的”“左边的”“右边的”“前面的”“后面的”等类别进行归类。

11. 按事物的多重角度分类

按事物的多重角度分类，指教师提供具有多种属性的图形卡片、积木等材料，引导学前儿童对同一材料做不同角度的分类。例如，对于很多娃娃图片，可按娃娃的表情，如哭的、笑的等进行归类；可按动作姿态，如唱歌的、跳舞的、闭眼睡觉的等进行归类。

以上学前儿童常见的分类方式都从思维的角度考虑，还可以按维度个数进行分类，主要有按一个维度分类、两个维度分类、三个维度分类等。例如，一堆图形卡片的分类，有的学前儿童按大小分类，有的学前儿童按颜色、数量分类，有的学前儿童先按颜色分类，再按大小分类，这些都是按照一个维度进行分类。如果学前儿童能够根据“大的且红色的”图形特征进行分类，这就属于按两个维度进行分类。如果学前儿童把“大的且红色的圆形”归放在一起，这就是按三个维度进行分类。

分类还可以从肯定和否定的角度考虑。例如，学前儿童利用一堆动物卡片来玩“分房子”的游戏，把小白兔卡片分在一间房子里，其他不是小白兔卡片的，如小灰兔、小狗、小鸡、小鸭、小猫等的卡片分在另一间房子里。或者把两条腿的小鸡、小鸭、小鸟的卡片分在一间房子里，把不是两条腿的小狗、小猫等的卡片分在另一间房子里。

除此之外，还可以引导学前儿童进行层级分类。层级分类直接反映了物体类与子类的包含关系。例如，学前儿童利用各种不同颜色、不同形状、不同大小的插塑玩具进行层级分类：先将所有插塑玩具放进层级分类板最上面的方框中；然后按“是红颜色的”和“不是红颜色的”将玩具分成两类放进中间一层的方框中；接下来将已分成两类的插塑玩具再分别按“是圆形的”和“不是圆形的”分成两类放进下面一层的方框中，如此连续地分下去。

（三）分类教育要求

学前儿童分类教育要求如表 4－1 所示。

对象	教育要求
小班（3～4 岁）	（1）探索物体的特征，学习讲述物体的异同； （2）学习按物体的某一外部特征（如颜色、形状、大小）进行分类，即“一元分类”； （3）学习与分类有关的词语，如“相同”“不同”“把同样的东西放在一起”“找出一个和某某一样的东西”等。
中班（4～5 岁）	（1）学习按物体的数量进行分类； （2）学习概括物体（或图形）的两个特征，即“二元分类”； （3）学习并掌握有关的词语，如“分成”“分开”“合起来”等。
大班（5～6 岁）	（1）学习按某一特征进行分类，讲述出某种事物所不具有的特征； （2）学习按两个特征进行分类和在表格中摆放图形； （3）学习把集合分成若干组成部分（子集），比较集合与子集的数量，初步体验集合与子集之间的关系，即“多元分类”。

（四）分类教育的方法

分类教育主要有四种方法，分别是讲解演示法、排除分类法、游戏分类法和多端分类法。

1. 讲解演示法

教师可先从一堆物体中拿出一个物体，说出它的名称和特征，讲明按什么要求分类。同时，要使学前儿童理解“把一样东西放在一起”的含义。例如，教师在小盒里拿出“红色”纽扣问：“我拿的是什么？”学前儿童回答：“纽扣。”教师把纽扣放在红色小盒里，再让学前儿童把红纽扣一个一个放在红色小盒里。在学前儿童理解分类含义之后，教师可加大难度，让学前儿童把“绿色”“黄色”“蓝色”等纽扣分别放在相应颜色的小盒里。

2. 排除分类法

排除分类法是分类的一种特殊形式。教师依次在学前儿童面前呈现若干组图片，每组4～5张，其中有一张与其他几张是非同类关系，要求学前儿童将这一张挑出来。例如，苹果、西瓜、鸭梨、皮球的一组4张图片，请学前儿童看看哪一张与其他三张是不一样的，请拿掉它，并说明取走的理由。

3. 游戏分类法

例如游戏“图形宝宝找妈妈”，在不同颜色、不同大小的几何图形小卡片中，找到同样形状的“妈妈”。学前儿童听教师说儿歌：“图形宝宝别着急，你的妈妈在哪里？仔细看，认真找，找到妈妈多欢喜。”学前儿童很喜欢，很高兴，很认真地去做。

4. 多端分类法

多端分类法包括按名称分类、按特征分类、按用途分类、按数量分类、按关系分类、按材料性质分类等分类方法。

二、区分“1”和“许多”的教育

（一）区分“1”和“许多”教育的意义

“1”是自然数的基本单位，也是表示集合中元素数量的基本单位。“许多”是一个笼统的、不确定的数量，它代表两个以上元素的集合。区分“1”和“许多”教育的目的是让学前儿童感知集合及其元素。学前儿童把许多物体分成一个一个，再把一个一个的物体放在一起构成许多。在这一过程中，学前儿童感知并体验到集合中的每一个元素，理解了“许多”的含义，为以后学习计数和认识10以内的数字奠定了基础。

（二）区分“1”和“许多”教育的要求

区分“1”和“许多”教育的要求如下：

（1）能区别1个物体和许多物体。

（2）感知和体验“1”和“许多”之间的关系，即知道1个、1个……合起来是许多，许多可以分成1个、1个……

（3）在日常生活中会运用到“1”和“许多”（如会说：“1个老师，许多小朋友”“1张桌子，许多椅子”等）。

（三）区分“1”和“许多”教育的方法

1. 多感官体验法

引导学前儿童通过看（视觉）、听（听觉）、摸（触觉）、动（运动觉）感知“1”和“许多”。各种感觉互相配合，有助于各分析器官之间建立联系，使学前儿童能更好地感知、认识“1”和“许多”及其关系。例如，请学前儿童听一听教师是敲了一下小铃，还是许多下小铃。又如，教师出示一张画有一只母鸡和许多只小鸡的图片，让学前儿童说出图片上有一只母鸡和许多只小鸡。

学一学·练一练

教师准备1个大篮子，里面放着许多玩具(玩具的数量与学前儿童的人数相等)。教师请学前儿童说一说，篮子里面有什么，有多少玩具。请每个学前儿童从篮子里拿1个玩具，要求他们一边拿一边说："我拿了1个玩具。"全部玩具拿完后，请学前儿童看一看"篮子里还有没有玩具"。篮子里一个玩具也没有了，变成空篮子了，即"0"表示空集。

2. 环境寻找法

让学前儿童在周围环境中寻找"1"和"许多"，相对来说要比在教师布置好的环境中寻找"1"和"许多"困难一些。因为在周围环境中，所要找的物体是分散的，学前儿童只有克服了因空间知觉的影响造成的困难，才能将分散在空间中的同类物体概括起来，并在头脑中形成一个整体。

3. 游戏操作法

教师采用游戏的形式，引导学前儿童学习"1"和"许多"，感知和体验"1"和"许多"之间的关系。

三、比较两组物体数量关系的教育

(一) 比较两组物体数量关系的教育的意义

通过比较两组物体的数量是相等还是不相等，让学前儿童更好地感知、区分集合中的每一个元素。使学前儿童从小就会按组成集合的元素的数量，而不是按集合所占空间面积的大小来确定两个集合(两组物体)的数量是相等还是不相等。

通过比较两组物体的数量是相等还是不相等，可让学前儿童在学习数概念的初级阶段学习用集合中的元素一一对应的方法，对集合元素的数目进行比较。这种一一对应逻辑观念的建立，是学前儿童学习和形成数概念的必要心理准备。例如，学前儿童会用重叠和并放的方法来比较两个集合的数目是相等还是哪个多(或少)。

(二) 比较两组物体数量关系的教育的要求

(1) 学习用对应的方法比较两组物体的数量关系，知道哪组多，哪组少，或是一样多。

(2) 会用“一样多”“不一样多”“多”“少”等词语表示两组物体数量关系比较的结果。

(3) 学习不受物体大小、排列形式的影响，比较两组物体数量是相等或不相等。

(三) 比较两组物体数量关系的教育的方法

引导学前儿童学习用重叠法和并放法比较两组物体的数量是相等或不相等。

(1) 重叠法。将一组物体从左向右摆成一行，再将另一组物体逐个一一对应地重叠在前一组物体上面，比较两组物体是一样多还是不一样多。例如，小盘与小勺一一对应，小勺放在小盘里。

(2) 并放法。把一组物体从左向右摆成一行，再将另一组物体一一对应地摆放在前一组物体的下方，然后比较两组物体的数量是不是一样多。

向学前儿童进行感知集合教育，除了在集中的上课时间内进行教育外，还应引导学前儿童通过日常生活、自由活动、游戏活动、区角活动等进行延伸活动。

教学活动

认数活动

一、1～3 的认知

活动目的：让学前儿童了解 1～3，开发数数的能力。

活动指导：

(1) 将 4 个红色弹珠和 3 个黄色弹珠混合，教师告诉学前儿童：“这里有很多弹珠，我们把相同的弹珠放在一起。”教师问学前儿童：“哪一种较多？”让学前儿童学习一对一的对应(一样东西与一样东西连接、相对)，然后让他们清楚地说出“红色弹珠较多”或“黄色弹珠较少”。告诉学前儿童：“红色弹珠比黄色弹珠多‘1’。”指导学前儿童理解“1”的概念，并且让学前儿童大声地再念一次。

同样，可以利用 5 个红色弹珠与 3 个黄色弹珠混合，或利用 6 个红色弹珠与 3 个黄色弹珠混合，指导学前儿童理解“2”“3”的概念。不只是弹珠，积木、象棋或其他玩具也可用来帮助学前儿童认识数字 1～3。

(2) 将 3 个形状、颜色不同的积木排成一排。让学前儿童用手指着从左往右一个一个大声地点数“1、2、3”。让学前儿童思考第“3”个积木的意义。改变积木的排列顺序，让学前儿童再数一遍“1、2、3”。这时第一次为“3”的积木，此时变成“1”，原本为“2”的积木却变成“3”。让学前儿童了解，并非特定颜色的积木就是“3”或“2”。通过这个活动要让学前儿童明白积木的颜色与数字没有关系。

二、"1"和"许多"

活动目的：

(1) 训练学前儿童观察的目的性，减少学前儿童注意力的分散。

(2) 明确"数"的概念，知道"1"和"许多"的关系，知道一个一个的"1"合起来是"许多"，"许多"可以分成多个"1"。

(3) 培养学前儿童的思考能力、口语表达能力。

活动指导：游戏应在学前儿童熟悉的园区生活环境中进行。教师说："我先来找找我们教室里都有哪些是'1'，1 张凳子，1 个桌子，1 台电视机。你看咱们教室里还有什么是'1'？"这时学前儿童对教室物品的观察就有了一定的目的性。让学前儿童模仿教师的话继续说出 1 块黑板、1 个柜子等。

游戏前，必须让学前儿童初步明白"1"和"许多"的概念。教师对学前儿童的语言提示要及时，尤其是在学前儿童寻找"1"和"许多"时，若无及时的语言提示，他们的注意力很容易被分散，从而影响活动效果。

此活动的重点部分是学前儿童寻找教室中"1"和"许多"的过程，可训练学前儿童观察的目的性。

课后练习

1. 学前儿童集合概念的发展一般分哪几个阶段，试说出各个阶段的特征。
2. 各年龄段学前儿童的集合概念具有哪些特点？
3. 区分"1"和"许多"一般可用哪些教育方法？
4. 简要叙述分类教育活动的各种方式。
5. 比较两组物体的数量关系一般存在哪些比较方式？

项目五

学前儿童数概念的发展与教育

项目分析→

数概念是数学的基础知识，也是学前儿童在积累数学的感性经验时首先要遇到的问题之一。学前儿童掌握数概念是一个比较复杂的过程，要经历感知物体，产生数的表象，最后形成抽象数概念的复杂的智力活动过程。这个过程既有连续性，又有一定的阶段性，不同年龄的学前儿童，发展水平和接受能力是不同的。学前儿童数概念的发展主要表现在计数能力的发展、数序概念的发展和认识数的组成等几个方面。

学习目标→

1. 了解学前儿童数概念认识的年龄特征。
2. 知道学前儿童对 10 以内数的初步认识的特点。
3. 理解学前儿童数概念的教育要求及教学方法。
4. 领会学前儿童认识 10 以内数的组成的特点。
5. 掌握学前儿童对 10 以内加减运算能力的认识的特点。
6. 能够运用合理的方法教育学前儿童进行加减运算。

案例导入

“我是货车小司机”游戏活动。每个幼儿车的车头上贴有的 1～5 的数符号：画有 1～5 张树叶的数量标志，在车停放的地方标有 1～5 的阿拉伯数字。儿童开着小车自由玩耍，然后要求他们每人把车开回停车场，这时儿童需要根据每人车上的数量标志在停车场找到相匹配的数字。教师扮演警察，随时检查司机是否停错地方，如果有错，就会请其他司机来帮忙纠正。接下来，在“超市开张”的情境中，“小司机”要将水果送到超市，把运送的水果放到相应的货架上。

分析:本次游戏活动的目标是让小班幼儿“初步尝试数物对应以及按照一定标准进行分类”。在活动中教师创设了“超市送货”的游戏情境,让儿童扮演货车小司机送货。整个活动儿童表现出极大的兴趣,同时也很好地完成了数物对应和分类的活动目标。

任务一 学前儿童初步数概念的发展及教育

一、学前儿童数概念认识的年龄特征

我国心理学家对学前儿童数概念的发展进行了大规模的研究,将3~6岁学前儿童数概念的发展大体上分为以下三个阶段。

第一阶段:对数量的感知阶段(3岁左右)。这个阶段的主要特点是:对数量有笼统的感知,能区分明显的大小、多少的差别,对不明显的差别则不会区分;会口头数数,但一般不会超过10;逐步学会口手一致地对5以内的实物进行点数,但不会说出总数。总之,这一阶段学前儿童主要通过感知和运动来把握物体的数量,只具有对少量物体的模糊的数观念,还算不上真正具有了数概念。

第二阶段:数词和物体数量间建立联系的阶段(4~5岁)。这个阶段的特点是:点数实物后能说出总数,即有了最初的数群的概念。这个阶段前期的学前儿童能分辨大小、多少、一样多。中期能认识第几和前后顺序;能按数取物;逐步认识数与数之间的关系,如能比较数目大小,能应用实物进行数的组合和分解;开始能做简单的实物运算。这个阶段末期开始出现数的“守恒”现象。这一阶段学前儿童所反映出来的特征表明他们已经在较低水平上形成了数概念。

第三阶段:简单的实物运算阶段(5~6岁)。这个阶段的特点是:对10以内的数大多数能保持“守恒”;计算能力发展较快,大多数学前儿童从表象运算向抽象的数字运算过渡;基数概念、序数概念、运算能力等各个方面都有不同程度的扩大和加深,大多数学前儿童可以学会计数到100甚至100以上;学会20以内的加减运算,个别的学前儿童甚至可以做100以内的加减运算。这一阶段的学前儿童已经在较高水平上形成了数概念,因此,教师应根据学前儿童的年龄特点,从实际情况出发,分别提出不同的教学要求,运用恰当的教学方法,有效地促进学前儿童初步数概念的形成和发展。

二、学前儿童对10以内初步数的认识特点

(一)学前儿童对基数的认识特点

所谓基数,是指表示物体数量的自然数或正整数。

1. 学前儿童对物体数量的感知特点

学前儿童在日常生活中,很早就接触到食物、玩具、用品等各种各样的物体,积累了

由同类的单个物体组成一个整体的初步经验。2岁以前的学前儿童就能说出单个的物体或一组物体的整体，如“一辆车”“一个皮球”“很多人”等。但这个年龄段的学前儿童对物体数量的感知是模糊的、不精确的。例如，在学前儿童面前摆放若干相同的物体，若趁学前儿童不注意时，减少或增加少量的同类物体，尤其是从一排物体的两端取走或添加少量的物体，学前儿童是发现不了数量上的变化的。这说明学前儿童不是一个一个地感知集合中的元素，他们还没有精确地意识到物体的数量。

2. 学前儿童计数的特点

学前儿童数概念的发展是从计数开始的，并通过计数活动来实现对基数的认识。计数活动是一种操作活动，是以数的形式表示物体数量的活动。计数活动的实质是将具体集合的元素与自然数列里从“1”开始的自然数之间建立起一一对应的关系。在不遗漏、不重复的情况下，数到最后一个元素所对应的数就是计数的结果，也就是总数。学前儿童计数能力发展的顺序是：先口头数数（口手不一致），然后按物点数（口手一致但说不出总数），再到说出总数（说出计数的结果），最后按数取物。只有当学前儿童能说出物体的总数时，才算理解了数的实际意义。一般来说，计数对象的性质、计数的方式以及计数对象呈现的方式都会影响学前儿童计数的水平。

（1）口头数数。2岁左右的学前儿童，在成人的影响下，逐步学会了个别数词，如“1”“2”，但往往不能准确地用以表示实物的数量。3～4岁的学前儿童一般能凭借机械记忆，按顺序背诵自然数的名称，但大多是像背儿歌一样背诵这些数字，带有顺口溜的性质，并没有形成一个数词与相应的实物一一对应的联系，学前儿童还不理解数的实际意义。这一阶段的学前儿童口头数数表现出以下特点：学前儿童一般只会从1开始依次往下数，如果遇到干扰就不会数了；学前儿童一般不能从中间的任意一个数开始数，更不会倒着数数；学前儿童在口头数数时，常会出现遗漏数字或循环重复数字的现象。5岁以后的学前儿童很多能从中间任意一个数接着往下数，但遇到进位时常发生错误，往往又会从头数起。尽管口头数数是一种机械记忆的结果，但对学前儿童理解自然数的顺序还是有积极意义的。实际上，学前儿童这时仅仅掌握了数的顺序而非数量的观念。他们的口头数数能力并不能代表其计数能力的发展水平，而只是一种机械记忆，是计数的最低水平。

（2）按物点数。学前儿童按物点数比口头数数发展得要晚一些，3～4岁的学前儿童点数实物，特别是点数5以上的实物时，往往手口不一致，不是手点得快、口说得慢，就是口说得快、手点得慢，经常漏数或重复数。出现这种现象的原因，一是由于学前儿童不理解数词的实际含义，不知道点数实物时，必须把被数的实物与自然数列里从1开始的自然数词建立一一对应的关系；二是按物点数时，要求多个部位（手、眼、口、脑等）协同一致活动，学前儿童在5岁以前，由于大脑皮层抑制机能发展不完善，手眼协调动作不灵活，再加上口头数数还不熟练，因此会产生手口不一致的现象。据研究表明，不一致的现象大致有以下情形：口能从1开始顺着数，但手却是乱点；虽然手能够一个一个地点，但口却乱数；口与手虽然能有节奏地配合，但不是一对一地配合，往往是数2个数、点1个实物，或点2个实物、数1个数。5岁左右的学前儿童按物点数的数目与口头数数的数目范围基本趋于一致，基本上都具有按物点数的能力。

（3）说出总数。学前儿童能说出总数，意味着学前儿童理解了数的实际含义，知道数到最后一个实物时，它所对应的数词就代表这一组实物的总数，能把数过的实物作为一个整体——数群来把握。由于种种原因，学前儿童从按物点数到说出总数，需要经历一个比较困难的发展过程：学前儿童在按物点数完之后，如果问他"一共有多少"，学前儿童往往回答"不知道"，或者重复按物点数的过程；无论点数什么东西，点数几个都用一个固定的数词作答（如2个）；学前儿童开始意识到说出的最后一个数词就是物体的总数，但这种认识很不稳定，而且每数一次的结果可能不一致。如学前儿童点数5个苹果，点完后教师问学前儿童"一共是几个苹果"，回答是5个，但如果再问一遍，学前儿童的回答可能是4个，再要学前儿童点数一遍，再问，可能结果又不一样。一般来说，5岁以上的学前儿童大多能说出数量在10以内的物体的总数，这标志着学前儿童已经形成了最初的数概念。

（4）按数取物。按数取物是对数概念的实际运用。按数取物首先要求学前儿童记住所要求取物的数目，然后按数目取出相应的实物。3～4岁的学前儿童一般只能按数取出5个以内的实物，学前儿童按物点数的数目常比说出总数和按数取物的数目多。5～6岁的学前儿童不仅计数的范围逐步扩大，计数的准确性也逐步提高，基本上都能按指定的数正确取出实物，如图5-1所示。

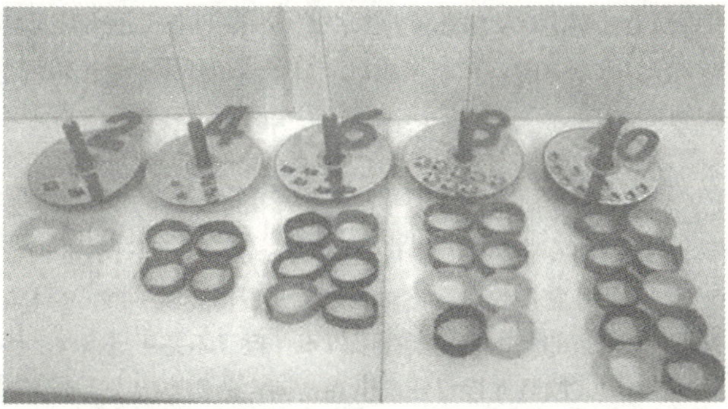

图5-1　按数取物教具

3. 学前儿童认识数序的特点

数序即自然数的顺序，每个数在自然数列中的排列都是按照后面一个自然数比前一个自然数多1的规律排列起来的。也就是说，数序指的是每一个自然数在自然数列中的位置以及与相邻两数之间的大小关系。

学前儿童在学习计数的过程中，已经对数字的顺序有了一些初步的认识，但开始学习计数时，往往是在一个数词和另一个数词之间机械地建立起联系，并不明白数的顺序关系。随着参与比较实物数量的多少和给实物或数字排序等活动，学前儿童才逐渐掌握了数的顺序关系。

知识链接

学前儿童比较数的大小能力比计数能力发展得要晚一些。3～4 岁的学前儿童多数能按物点数 5 以内数量的物体，但问起“4 个”和“5 个”哪个多时，相当多的学前儿童并不知道。有的学前儿童可以通过数实物的方式来进行比较。这说明学前儿童只能看着实物，依靠数数来比较数的大小，还没有建立起抽象的数的顺序与数的大小的明确关系。4～5 岁的学前儿童大约有一半能比较 10 以内数的大小。5～6 岁的学前儿童一般都能顺利地比较 10 以内数的大小。

学前儿童给 3 个以上实物或数字卡片排序的能力发展得更晚一些。因为学前儿童在排序时，不仅要熟悉数的数序，能比较每两个数的大小，还要能协调几个数之间的关系。4 岁以下的学前儿童排序能力较差；4～5 岁的学前儿童排序能力有了明显的提高；5～6 岁的学前儿童一般都能排 10 以内数的数序；6 岁以上的学前儿童一般都能比较顺利地排出 20 以内数的顺序关系。

（二）学前儿童对序数的认识特点

自然数可以表示物体的数量，也可以表示物体的次序。当自然数用来表示物体的次序时称为序数，通常用“第几”表示。

学前儿童的序数概念是在基数概念的基础上建立起来的，因为当需要学前儿童回答第几个的时候，他首先应该依次点数，如点到“3”的时候，这个“3”就表示一共有 3 个物体，同时也表示这个物体是排在第三的位置上的。如果没有点数，没有基数的基础，也就无法表示序数(数的位置)。研究发现，3 岁左右的学前儿童一般都还没有序数的概念，常常不能区分基数和序数，4 岁以后，序数概念逐渐发展起来。中班初期，学前儿童还很容易混淆基数与序数，因为当学前儿童要回答第几个的时候，他首先必须依次点数，点数的结果，就是表示总数，但实际上学前儿童并没有掌握序数概念。例如，开始时，分别标有 1、2、3、4、5 的 5 个小球依序排列，问孩子 3 号球排第几。这时，由于标有“3”的球与点数的结果“3”一致，所以学前儿童很容易地说出 3 号球排第 3。但若将球的位置移动之后，再要求学前儿童回答 3 号球排第几。这时，学前儿童便不假思索地说，3 号球排第 3。由此可以看出，学前儿童对序数概念的理解受到了基数的影响，证明学前儿童并未真正掌握序数概念。直到 5 岁左右学前儿童才能较好地理解和掌握序数的含义。

学前儿童在认识序数时容易受到基数概念的影响，是因为过去学前儿童知道数字表示的是数量，而现在同样的数字却表示在一个数序中的位置。一方面，表现在学前儿童混淆了序数和基数；另一方面，即使学前儿童知道序数的意义是表示“位置”，但这个“位置”还不能脱离具体的物体的位置，远不是表示数序中的抽象的位置。

三、学前儿童数概念认识的教育要求

（一）学前儿童认识 10 以内基数的教育内容及要求

1. 小班

(1) 会手口一致地点数数量为 4 以内的物体并说出总数，初步理解 4 以内基数的实际含义。

(2) 能按数(4 以内)取物。

2. 中班

(1) 能正确点数数量为 10 以内的物体并说出总数，正确认识 10 以内数的实际含义。

(2) 知道 10 以内相邻两个数的“多 1”“少 1”关系。

(3) 能不受物体的大小、形状或排列等的影响，正确判断 10 以内物体的数量。

3. 大班

(1) 会 10 以内倒数、顺接数和倒接数，熟练地掌握 10 以内数的顺序。

(2) 学习按数群计数。

(3) 认识 10 以内三个相邻数的关系及自然数列的等差关系，在按顺序排列 1～10 的数目中，除 1 以外不管哪个数都比前面一个数“多 1”，比后面一个数“少 1”。

（二）学前儿童认识 10 以内序数的教育内容及要求

(1) 使学前儿童理解序数的含义，能用序数词正确表示 10 以内物体排列的次序。

(2) 会从不同方向(从左到右、从右到左、从上到下、从下到上)确认物体的排列次序。

四、学前儿童数概念认识的教育方法

（一）学前儿童 10 以内基数认识的教育方法

1. 学前儿童认识 10 以内基数及其实际含义的基本方法

教学前儿童学习 10 以内基数需要一个数、一个数地教，才能使其牢固地掌握每一个数的实际含义。有的教学方法多用于认识新的数，有的则宜用于复习、巩固对数的认识。教学前儿童学习点数后说出总数、两个相邻集合的比较(俗称数的形成)和数的转换等方法是教学前儿童认识 10 以内基数的常用方法。复习的方法一般有：按范例的数量取物、按数取物、运用各种感觉器官感知数量等。

(1) 教学前儿童学习点数后说出总数。点数物体后说出总数，即计数，是学前儿童认识 10 以内数的基本方法。它是一切认识 10 以内数的方法的基础，又是理解数的实际含义的基本途径。

学一学·练一练

针对小班的学前儿童，教师可使用讲解演示法教他们学习点数物体。方法：先将物体排成一行，由教师示范用右手食指，从左向右一个一个地移动物体（逐步改为点物体），移一个物体说出一个数词，在点数到最后一个物体时，要用手指围绕所点数过的物体画个圈，并提高音量，以突出和强调这个数就是物体的总数。

计数是手段，说出总数，理解数的实际含义才是目的。由于学前儿童最初学习按物计数与说出总数是一个连续的过程而不是同一过程，所以小班学前儿童开始学习计数时，如果同时要求他们掌握正确逐一点数和说出总数有困难，可以采取分两步走的方法。第一步，由教师完成计数过程，教师点数物体并和学前儿童一起数，然后在教师点数的基础上，由学前儿童说出总数，回答一共有几个的问题。这样可使学前儿童首先把注意力放在说出总数上，集中在理解数的实际含义上。第二步，学前儿童经过若干次练习，较好地说出总数以后，再让学前儿童自己动手学习点数后说出总数。要提醒学前儿童用右手从左至右点数物体，使说出的一个数词与一个物体建立对应关系，最后说出一共是几个。

（2）用比较两个相邻的数结合数的形成的方法认识10以内数。这是一种认识数的形成和学习计数相结合的方法。教师将两个同等数量的物体组分别摆成两排，在学前儿童通过比较确认它们的数量相等以后，在其中一排物体上增加一个同样的物体，使学前儿童在直观的条件下，看到一个新的数是由原来的数添（加）上1而形成的，然后让学前儿童数一共有几个物体。这一方法是在已认识的数的基础上学习新的数，突出了相邻两个数的关系，有利于学前儿童理解数的实际含义。为了强调新数的形成是在前面一个数上添（加）1的结果，教师还可以再将添（加）上的物体拿走，让学前儿童清楚地看到去掉1还是原来的数。最初运用这种方法时，整个过程可先由教师操作并提问，学前儿童作答，然后再由学前儿童操作和回答问题。最后教师应让学前儿童概括地说出1个添（加）上1个是2个，2个多，1个少（小班学前儿童不要求说多几个，少几个）等。

以上两种方法多用于小班学前儿童开始学习计数和认数时。

(3) 相邻两个数的比较和转换。在小班学前儿童学会点数和说出总数的基础上，中班学前儿童认识10以内数除了用比较两个相邻数的方法之外，还应在比较两个集合的基础上进行两个数之间的转换，使学前儿童认识新的数并掌握相邻两个数之间存在着多1和少1的关系。

用转换的方法比较相邻两个数是指启发学前儿童用"添上"(加上)和"拿走"(减去)的方法使两个数由相等变为不相等，或由不相等变为相等。

比较转换方法的优点在于：

① 反复地计数，巩固学前儿童对数的实际含义的理解。

② 相邻两个数之间的转换揭示和突出了自然数列的本质关系，促使学前儿童深刻理解两个自然数之间的多1和少1关系，为大班学前儿童学习三个相邻数之间的关系和自然数列的等差关系做了较充分的准备。

③ 促进了学前儿童思维可逆性和相对性的发展。

(4) 按范例数量取物和按数取物。学前儿童对每个数的实际含义的理解需要通过充分的练习予以巩固。按范例数量取物和按数取物是巩固其对数的实际含义理解的有效复习方法。

按范例数量取物是指教师给予一定数量物体作为范例，让学前儿童拿出与范例同等数量的物体。如教师在桌上摆出两辆小汽车，要求学前儿童从自己的小盒子里取出与小汽车一样多的正方形。

按数取物是以数作为范例(口头说出的数或出示数字)，要求学前儿童取出相应数量的物体。如教师在桌上分别摆着小碗、小熊猫、小青蛙、小汽车等玩具各若干个，请学前儿童轮流上来按教师的要求取出2个(或3个)小碗、3只小熊猫等。小班儿童用口头说出数，中、大班儿童在认识数字后，可以两人一组，一人说数，一人取物。

按范例数量取物或按数取物应变化方式进行。可个别进行也可集体进行；可每人用一套小教具，也可共用一套教具；可让学前儿童自己从身上找出什么东西有2个或5个，也可以从玩具架上、教室里取出物品；等等。

学前儿童应先学会按范例数量取物，再进行按数取物。因为范例是实物，它具体而直观，学前儿童可以先计数实物再取物，而按数取物所给定的条件是抽象的数，没有直观的依据，要求学前儿童对数的实际含义有准确的理解才能完成任务。

(5) 运用各种感官感知数量。这也是一种复习10以内数的方法。其主要指运用听觉、触觉或运动觉感知数量，以加深对数实际含义的理解。让学前儿童用这些感觉器官感知数量，要在学会主要用视觉监视进行计数的基础上使用其他感觉器官。有些感官感知数量不像用视觉计数那样可以反复计数，反复感知，只能连续感知，如声响、动作，第一下铃声过去后继之而来的是第二下铃声，而不是原来的第一下铃声，所以在用听觉来复习对数的认识时，学前儿童必须准确地感知并计数。因此，听觉感官感知数量不能作为最初学习计数和认数的一种方法。

运用听觉感知物体数量是让学前儿童边听声响(如敲鼓声、击铃声、拍手声等)边数数。小班儿童注意和记住声响次数的能力较弱,须让他们边听声响边大声说出数(声响次数)。例如,教师拍一下手,学前儿童数1,拍第二下手,学前儿童数2,最后让学前儿童说出一共拍了几下手。要视学前儿童的情况,逐步过渡到先认真听完声响,再报出总数。对中班学前儿童,教师可让他们用小声数或默数的方式帮助准确感知并记住数量。运用听觉计数,连续进行的次数不宜过多,以免引起疲劳,分散注意力,影响效果。

运用触觉感知物体数量是让学前儿童在不用眼睛看的情况下,用手触摸物体,以确定物体的数量、可用"摸物体数数"(学前儿童用手摸口袋里的物体,数数有多少个)和"按数取物"(教师说出数,让学前儿童从口袋里摸出相应数量的物体)等形式。使用的教具可以是口袋或其他容器,内装积木、积塑片、豆子、石子和小球等小物品,要求学前儿童不能用眼睛看,只能用手摸。

运用运动觉感知物体数量是让学前儿童用自己的动作次数表示数量。学前儿童往往难以控制自己的动作或易受到惯性的影响多做动作。如让学前儿童拍三下手,学前儿童往往会一连拍四下或五下甚至一直拍个不停。初学时,可让学前儿童跟着教师一起动作,如教师拍一下,学前儿童也拍一下,直到完成预定的数量为止。

另外,可以视学前儿童的水平,让学前儿童将各种感官结合起来感知物体数量。例如,按声响次数,从口袋中摸出相应数量的物体或从许多卡片中找出与声响次数相应的物体卡片;或按声响次数跳几下等。

2. 学习数守恒的方法

学习数的守恒是针对中班儿童的主要教学要求之一。它是学前儿童形成初步数概念的主要标志之一。对学前儿童进行数守恒的教学,应在他们切实掌握了10以内数的基础上进行。

学习数守恒,主要要求学前儿童懂得不论是什么物体,不管它们的颜色、大小、形状以及摆放形式有什么不同,它们的数都是一样的。

教学前儿童学习数守恒的方法很多。可先用同样颜色、形状、大小的物体,通过改变排列方式学习守恒。例如,同数异长、同数异位、异数异长等。然后再借助不同的计数对象,针对对象的不同大小、不同颜色和不同排列方式等综合因素进行守恒练习。如教师出示五张图片,先引导学前儿童观察、比较并讨论:五张图上画的东西什么地方不一样?讨论中应要求学前儿童动脑筋互相补充。在学前儿童说出它们的名称、颜色以及摆的样子都不一样以后,教师再提出问题:你们说了这五张图有这么多不一样的地方,那么它们有没有一样的地方?什么地方一样?提这个问题的目的是引导学前儿童从数量方面找出它们的共同点,也就是引导学前儿童排除对象的各种外部因素的干扰而抽象出数量方面的共同特征,达到数守恒的本质要求。

3. 学习接数和倒数的方法

学习接数和倒数是针对大班儿童基数教学的内容。接数是从10以内任何一个数开始顺接数至10。倒数是从10倒数至1。中班学前儿童在用计数和两个集合的比较及转换的方法认识 10 以内数的过程中，他们已经掌握了 10 以内数的顺序。大班学前儿童的接数和倒数则起着巩间掌握 10 以内数序的作用，并有利于其学习相邻数和加减运算。

学习接数和倒数，应先学习 10 以内的顺接数，再学倒数，最后进行倒接数。

以下是几种学习接数和倒数的常见方法：

(1) 卡片游戏。运用卡片学习顺接数，是由教师拿出一张卡片(圆点卡片或数字卡片)，让学前儿童拿出该数以后的卡片，并口头说出排列的结果。

运用卡片进行倒数。可发给每个学前儿童一套卡片，每套 10 张，可以是 1～10 的数字卡片，也可以是 1～10 的圆点卡片。把卡片的顺序打乱，让学前儿童把这些卡片按从 1 到 10 的顺序，从左到右排好后，再将卡片打乱，要求学前儿童按 10 至 1 的顺序从左至右排好。还可以增加游戏的竞赛性质，“看谁排得又快又对”，由教师统一发出开始的信号。排好后可让学前儿童口头说出他所排的数的顺序。

(2) 口头游戏。不用教具，用口头练习的方式，顺接数或倒接数。例如，要求学前儿童按照教师说出的一个数，接着顺数到 10，或倒数到 1。

(3) 拍手游戏。由教师先拍几下手(或敲几声鼓)，请学前儿童接着拍手到 10(或任意一个 10 以内的数)。游戏开始前，要向学前儿童说明规则，请他们接着拍到几，以免引起混乱。

4. 认识三个相邻数及自然数列的等差关系的方法

认识三个相邻数及自然数列的等差关系是大班学前儿童认识 10 以内基数的主要教学内容。有了中班儿童通过学习两个集合的比较和转换，懂得了相邻两数的多 1 和少 1 关系的基础，大班儿童学习三个相邻数及自然数列的等差关系就比较顺利了。

(1) 教学前儿童认识三个相邻数的方法。认识三个相邻数，不仅要知道 10 以内某数(除 1 以外)的前面一个数和后面一个数是什么，更为重要的是，要使学前儿童知道它们之间的关系，中间一个数比前面一个数多 1，比后面一个数少 1。针对三个相邻数的教学，一般应先复习两个相邻数的比较，再进行三个相邻数的比较。直观教具摆成横式为宜，以便对应比较。

教学前儿童认识三个相邻数及其关系，应从直观入手结合数字进行。从数 2 开始逐个进行。教 5 以内相邻数时进展要慢些，多做练习，让学前儿童掌握比较相邻数的规律(先比前面一个数，再比后面一个数)。在这个基础上进行 6～10 相邻数的教学，不仅进度可以加快，而且可以用启发探索的方法，促进学前儿童运用相邻数的规律去认识新的相邻数，启发学前儿童知识的正迁移和推理能力的发展。例如，学习 6 的相邻数时先不采取上述具体的教学步骤，而是在复习 5 的相邻数后，向学前儿童提出“6 的邻居是几和几”“为什么 6 的邻居是 5 和 7”等问题，让学前儿童对不同的回答进行比较、争论后得出统一的正确答案。教师还可以请学前儿童运用教具来论证自己答案的正确性。

(2) 复习巩固对三个相邻数认识的方法。学前儿童每学习一个数的相邻数之后或者学完了全部 10 以内各个数的相邻数之后，应采用各种方式予以练习巩固。例如，进行卡片游戏和口头游戏“找邻居”。

卡片游戏可有两种形式：第一种，发给每个学前儿童一套 1～10 的数字卡片或圆点卡片，教师举起一张卡片或说出一个数，让学前儿童找出该数的“邻居”并将卡片举起。第二种，发给学前儿童每人一张数目不同的数字（圆点）卡片，然后教师举起一张卡片，请拿着该数“邻居”卡片的学前儿童将卡片举起来。如发现不同答案，应组织学前儿童共同讨论，相互比较和验证，纠正个别学前儿童的错误。

口头游戏是用口头方式进行“找邻居”的游戏。由教师说出一个数，学前儿童集体或个别回答它的邻居是几和几。可变换由一个学前儿童说数，小朋友集体回答或两位小朋友一问一答等形式，以提高其兴趣。教师应特别注意运用提问的变式（改变提问的方式）以避免回答的定式倾向，训练学前儿童思维的积极性和灵活性。如将“谁的邻居是谁”改变为“谁是谁的邻居”或“谁和谁是谁的邻居”，几种提问方式交替、穿插使用，能使学前儿童集中注意力和始终处于积极的思维状态。

（3）教学前儿童理解 10 以内自然数列的等差关系的方法。在学前儿童掌握了 10 以内各个数与它前面一个数和后面一个数的相邻关系的基础上，引导学前儿童对 10 以内各个数之间普遍性的规律（等差关系）做出归纳和概括，使学前儿童理解按顺序排列的 10 以内的数，除 1 以外，不论哪个数都比前面一个数多 1，比后面一个数少 1。理解 10 以内自然数列的等差关系，是认识 10 以内数相邻关系的总结和必然结果，它能帮助学前儿童将数与数之间关系的知识组织起来并系统化，从而认识自然数列的本质规律，为认识更大的数目奠定基础，并能巩固对数序的理解和培养学前儿童对知识的初步抽象和概括能力。

（二）学前儿童对 10 以内序数认识的教育方法

1. 可采用集中分段教学的方法

学习序数不必像学习基数那样通过逐个数来形成概念，在学前儿童掌握了 10 以内初步的数概念及数序的基础上，可分两段集中学习 10 以内序数。先学习 5 以内序数，再学习 10 以内序数。

2. 运用直观教具向学前儿童讲清序数的含义

例如，教师先告诉学前儿童今天要玩“给动物排队”的游戏，同时摆出 5 个小动物玩具，请学前儿童说出它们的名字并数一数一共有几只小动物，然后边挪动小动物边说：“我从左边开始排，请小狗排在第 1 个，请小猫排在第 2 个，小熊排在第 3 个，小猴排在第 4 个，大象排在第 5 个。”接着可请个别学前儿童回答教师提出的“某动物排在第几个”的问题，借以巩固学前儿童对序数的认识。然后可改变玩具的位置，或请学前儿童来排列和提问等，改变方式继续进行游戏。

可以再摆放 5 所玩具小房子，进行什么动物住在第几所房子的游戏，再一次练习 5 以内序数。在学前儿童初步掌握了序数词的基础上，应引导学前儿童对基数和序数进行比较并做出区别。可问学前儿童“有几个”和“第几个”的问题一样不一样？为什么不一样？最后教师应做出总结，强调说明“有几个”是问东西一共有多少，“第几个”是问什么东西排在第几个位置上，从而使学前儿童明确地掌握序数的含义。

3. 教学前儿童用计数的方法确定序数

在学习 10 以内序数时，学前儿童往往不易立即说出物体在第几个位置上，对此教师应告诉学前儿童用计数的方法来确定，从第一开始数，第二、第三……

4. 向学前儿童说明确定序数的方向

物体排列的位置可因起始的方向不同而不同。教学前儿童学习序数，应注意说明从什么方向开始，如果从左到右，排在最左边的是第一，反之排在最右边是第一；楼房的层级应从下面开始数，最下面的是第一层；小朋友爬山，最高的是第一；小动物赛跑，跑在最前面的是第一；等等。先学习从左往右的排列顺序，再学习其他方向的排列顺序，最后再进行综合练习。例如，“开玩具店”的游戏，在玩具架的每一层上放若干个玩具。教师要讲明规则，玩具架的最下面一层叫第一层，玩具架最左边的玩具是第一个，可先由教师当售货员做一次示范，学前儿童当顾客，然后改由学前儿童当售货员。学前儿童必须正确说出要买第几层第几个的什么物体，才能“买”到需要的玩具。

5. 通过操作和游戏活动进行练习

如发给学前儿童每人 5 张不同的小动物卡片和 1 张 5 层楼房的卡片，按教师或小朋友“请某某动物住在第几层”的要求，将动物卡片放到楼房卡片的第几层上，或者按要求将动物排好次序。还可以组织学前儿童玩“换位置”的游戏，先请几位小朋友到前面依次排好，请其他小朋友记住他们的排列次序，然后请大家闭上眼睛，教师调换其中两位小朋友的位置，让其他小朋友判断第几位小朋友和第几位小朋友换了位置。

任务二　学前儿童数的组成及加减运算能力的发展及教育

数的组成又称为数的分合，是指一个数（总数）可以分成几个部分数，几个部分数又可以合成一个数（总数）。

一、学前儿童认识 10 以内数的组成的特点

学前儿童学习数的组成，只是学习一个数与两个部分数之间的分合关系。学前儿童掌握数的组成既是数群概念的发展，也是进一步理解数之间关系的标志，对他们学习数学有着重要的意义。

首先，数的组成的学习，有助于学前儿童对其中蕴涵的数量关系的感知和理解。数的组成实质上是数群和子群之间存在等量关系（总数可以分成相等或不相等的两个部分数，两个部分数合起来等于总数）、互补关系（在总数不变的情况下，一个部分数逐渐减少或增加，另一个部分数就逐渐增加或减少）、互换关系（两个部分数交换位置，总数

不变)的反映。掌握数的分合可以使学前儿童从整体与部分的关系中理解数与数之间的关系,不仅加深了他们对数概念的理解,也提高了他们的思维能力。

其次,学习数的组成是理解加减运算的基础。由于数的组成实质上是一种概念水平上的数运算,因此,只要引入运算符号,这种数运算也就变成了形式上的加减运算。如当学前儿童可以将5分成2和3,以及将2和3合起来组成5时,就可以导出"2+3=5""5-2=3""5-3=2"。因此,学前儿童认识数的组成,可以为学习加减运算积累感性经验。他们在抽象概念水平上掌握的数的组成之间的数群关系,也是掌握加减运算中数群关系的基础。

学前儿童对数的组成的理解比对基数、序数的理解要晚一些。因为要理解数的组成,首先要理解基数,要有初步的数概念,并且要有一定的分析、综合和比较的能力,学前儿童必须同时掌握并运用集合与子集、子集与子集之间的关系,其中包含可逆的过程,还包含整体和部分的关系。研究表明,4岁半以前的学前儿童不能理解数的组成,5岁以后,学前儿童能初步理解数的组成,但不全面、不稳定,表现为常常漏掉某一种组成形式,并且对互换关系的实际意义不太理解。5岁半以后,学前儿童对数的组成能力发展较快,6岁半左右能基本掌握数的组成。

二、学前儿童加减运算能力的发展

(一) 学前儿童加减运算能力发展的年龄特点

学前儿童学习10以内数的加减运算,目的是让其初步理解加法减法的含义(加法就是把两组物体合并在一起,求一共有多少;减法就是从物体的总数中去掉一部分,求还剩多少)。掌握10以内整数的加减运算,并会以此解决日常生活和游戏中遇到的实际问题。在解决问题的过程中,帮助学前儿童理解加减互逆关系和加减交换关系,发展学前儿童的可逆性思维。

1. 实物运算阶段(3~4岁)

3岁以前的学前儿童对加减运算还处于朦胧状态。这时,学前儿童在操作活动和数目之间还没建立起联系。在面对实物时,并不知道可以用它来帮助进行加减运算。他们要依靠成人将实物分开、合拢给他们看,才能说出一共有几个或还剩下几个。他们不理解加减的含义,不认识加减运算符号,数的运算对这个年龄阶段的学前儿童来说是很困难的。3岁多的学前儿童开始进入加减法的实物操作阶段。这时约有50%的学前儿童能够进行5以内加减法的实物操作,极少数学前儿童还能进行10以内加减法的实物操作。有些学前儿童能够正确进行操作,但是说错了计算结果。另外还有些学前儿童由于点数实物的能力还很差,操作还有困难。开始有一部分学前儿童通过操作初步理解加减的含义,即添上是加,拿走是减。由于多数学前儿童能点数实物并说出计数的结果,因而有些学前儿童不仅能口头回答得数,而且同时能用手指表示得数。这说明3岁多的学前儿童还没有明确地选用运算方法和已知数的意识,他们虽然初步知道要用加法或减法计算，但是还不会根据题意选择已知数，于是往往把自己所会的加减法算式都说出来，作为答案，出现对刺激的反应的泛化现象。但他们能够解答一些与生活实际联系紧密的应用题。

2. 表象运算阶段(4～5 岁)

4 岁左右的学前儿童一般会自己运用实物进行加减运算，但在进行加法运算时，他们需要将表示加数和被加数的两堆实物合并，再逐一点数后得出总数(即得数)；在进行减法运算时，也一定要把减掉的实物部分拿掉，再逐个数剩下的实物个数，得到剩余数。而他们对于抽象的加减运算既不理解也不感兴趣。这时，他们完全依靠动作思维，在最低的思维水平上学习数的运算。但值得注意的是，4 岁以后的学前儿童开始有了初步运用表象进行加减运算的能力，如回答“树上有 3 只小鸟，又飞来了 1 只，现在树上一共有几只小鸟?”“树上有 3 只小鸟. 飞走了 1 只，现在树上还有几只小鸟?”等问题。研究表明，4 岁左右的学前儿童正确解答求和、求剩余口述应用题的比例分别可达 90%和 56%，但他们不能回答“用什么方法算的”的问题。学前儿童依靠生活经验和应用题中熟悉的情景而引起积极的表象活动，使问题得到正确解答，这虽不是真正意义上的加减运算，但可以看出口述应用题在学前儿童学习加减运算中的重要作用。

3. 按数群运算阶段(5～6 岁)

5 岁以后的学前儿童能够将顺着数和倒着数的经验运用到加减运算中去。此时，多数学前儿童可以不用摆弄实物，而用眼睛注视物体，心中默默地进行加减运算。这种加减方法实际上是顺数和倒数，还不是按数群加减。5 岁半以后，随着数群概念的发展，特别是在学习了数的组成以后，学前儿童在教师的引导下，开始运用数的组成的知识进行加减运算，这样就从逐一加减向按数群加减的水平发展。学前儿童在加减运算方法上的进步，实质上反映了学前儿童在加减运算中思维抽象性的发展。但学前儿童之间存在着一定的个体差异。

(二) 学前儿童学习加减运算的特点

1. 学习加法比学习减法容易

根据皮亚杰的观点，数的加法运算与减法运算有同样的逻辑基础。加法不是增加，而是合并，并且它是一种可逆的运算，减法作为加法的逆运算，学习者应该能同时掌握。但实际情况是学前儿童学习加法比学习减法容易。这可能是因为一方面学前儿童受生活经验的影响，在生活中接触加法先于减法。如计数就是从小到大。受运算方式的影响，在进行加法运算时，学前儿童可运用顺数的方法来解决；在进行减法运算时，要运用倒着数的方法来解决，而学前儿童运用倒着数的方法要困难一些。另一方面，更主要的是，加法是把两个数群合并为一个新数群，在被加数(第一个加数)和加数(第二个加数)之间无须比较大小、多少，仅在判断“和”的正确性时才涉及三个数群的关系；而减法在一开始就需要对被减数与减数两个数群进行大小、多少的比较，然后又涉及被减数、减数与差三个数群关系。可见，减法中数群的关系比加法复杂。实验表明，学前儿童掌握数群之间的逆反关系要难于等量关系。

减法是加法的逆运算，学前儿童在运用数的组成知识学习减法时，需具备两个数群关系的逆反能力，即需将两个部分数合起来等于总数，同时还需要转换为总数减去一个部分数，等于另一部分数。在解决减法问题时，很多学前儿童常常是做减想加。由于学前儿童在思考时需要做一个逆转，因此学前儿童学习减法要难于学习加法。

2. 学习加小数、减小数的问题容易，学习加大数、减大数的问题难

学前儿童在学习加法时，大数加小数容易掌握，而小数加大数则感到困难；在学习减法时，运算的数量小容易掌握，运算的数量大则较难掌握，出现的错误也较多。这可能与学前儿童已有的数概念经验有关。学前儿童在认识基数和序数时，对相邻两数的关系，相邻数之间的数差关系，10 以内数序的认识，以及顺数、倒数的学习等经验都可以帮助学前儿童解决加小数、减小数的问题。相反，加大数、减大数，不太可能运用上述经验来解决问题，故学前儿童学习这类加减运算问题时困难较大。

3. 理解和掌握应用题比算式容易

应用题是用文字或语言叙述生产或生活实际中一些已知数量和未知数量的关系，而要求得未知数量的题目。应用题应该包括三个组成部分：一是内容，反映生产或生活的实际情况；二是条件，已知数量及它与未知数量的关系；三是问题，要求解答的未知数量。学前儿童学习的应用题是语言叙述的应用题。

应用题最主要的特点，就是它来源于生活，它借助人们熟悉的生活情景表述数量关系，以及要求解答数量问题。应用题的情节为学前儿童的表象活动提供了素材，有助于引起学前儿童对熟悉的生活情境的回忆，用头脑中的表象来理解题中的数量关系。而加减算式题是纯粹以数字和符号组成的，它既无事物的直观性，又无表象作为思考的依托，因此学前儿童在理解和解答上都会有一定的困难。

三、学前儿童 10 以内数的组成及加减运算能力的教育

（一）10 以内数的组成

1. 通过操作活动，积累有关数的组成的经验，理解数的组成的含义

例如，教师可以为学前儿童准备 4 支一样的铅笔，问学前儿童："如果把这 4 支铅笔放在两个笔筒里，可以怎样放呢？有多少种方法呢？"同时，教师可以把学前儿童分笔的结果用图示的方法表示出来，并逐渐用数字代替。还可以问学前儿童："红色笔筒里的 1 只铅笔与蓝色笔筒里的 3 只铅笔，合在一起是几只铅笔呢？跟原来的铅笔数量一样多吗？"教师还可以通过引导学前儿童参与其他的分合活动，如"分纽扣""盖印章添补数"等，使学前儿童理解并掌握数的组成。

2. 初步掌握数的分合规律

在学前儿童有了大量的数的组成经验的基础上，教师要将学前儿童先前的组成经

验进行归纳、总结，引导学前儿童进入新的探索规律的学习之中。让学前儿童领会、掌握数的分合规律，主要是让学前儿童解决好以下几个问题：每个数的分合顺序是怎样的；每个数的分合方法有哪几种，和它自身比有什么规律；分合过程中的互补、互换规律是怎样的。例如，在学习"5"的组成时教师可以把学前儿童分的结果记录下来，让学前儿童观察哪一种记录方法最容易记住。学前儿童会发现，按顺序的一组"一边的数一个比一个大1，另一边的数一个比一个小1"，因此最容易记住。在学习6以上数的组成时，教师可以将2、3、4、5的分合式按一定的顺序分别写出来，并依次让学前儿童回答2、3、4、5的分合方法有哪几种，发现2有1种分法，比2本身少1；3有2种分法，比3本身少1；4有3种分法，比4本身少1……那6的分法比它本身怎么样呢？可以怎么分呢？学前儿童在掌握了上述规律后，就可以按照规律类推后面数的分合了。

3. 通过多种活动形式，巩固对数的组成的认识

(1) 实物操作练习。幼儿园里的插片、纽扣、瓶盖等都是让学前儿童进行数的分合活动的材料。

(2) 分合作业单练习。教师给学前儿童提供分合作业前，让学前儿童将分合的结果写在作业单上，可采用画图、涂色、点图分割、添补数等方法进行。例如，教师说："老师手中拿的是一张衬纸，上面已经写好了分合号，我们先在分合号上贴出所分的数，如贴5，就表示所分的数是5(边讲解边演示)，然后取出一张格纸，要用剪刀把纸条沿格线剪成两份，对应地贴在衬纸上。如把纸条剪成两份，一份是1，一份是4，就表示5可以分成1和4，1和4合起来是5(边讲解边演示)。今天我们要学习的是5的组成，小朋友们要把没有重复的几组分法全部剪贴完。剪贴完后看看剪贴好的格纸，读出5可以分成几和几，几和几合起来是5。"讲解完后，让学前儿童自己动手操作，教师在一旁引导。

(3) 游戏练习。出示某一数卡，学前儿童的球和教师的球碰起来要是出示的数卡上的数。例如，出示数卡4，教师说："我的1球碰几球？"学前儿童则说："你的1球碰3球。"游戏反复进行，形式可多种多样，教师可与全班儿童玩此游戏，也可与小组或个别儿童玩此游戏。

(二) 10以内数的加减

1. 理解、体验加减法的含义

(1) 结合生活情景，在解决问题的过程中体验、理解加减法的含义。根据学前儿童初期直觉行动思维占主导的特点，教学前儿童学习加减运算，不能从数字运算开始，而应从实物运算开始。教师可以列举学前儿童生活中的事情或有意识地组织一些活动，通过口述应用题的形式，帮助学前儿童理解加减法的含义。例如，教师说："桌子上有1个皮球，老师又拿来2个皮球，那现在桌子上有几个皮球呢？"或者"请把你手里的2颗珠子放1颗到盒子里，看看你手里还有几颗珠子？你是怎样算的？"引导学前儿童通过"合拢""添上""分开""取走"等一系列动作，初步理解"加"和"减"的含义，并会用点数的方法得出加减运算的结果。一般在学习5以内的加减法时通常采用这种方式。

由于学前儿童思维的典型方式是依靠表象的具体形象思维，教师还应加大对表象运算能力的训练，培养学前儿童的表象运算能力。表象运算可以不必借助具体实物，但必须把抽象的数想象为形象的物体。表象运算要比实物运算难得多，它的前提是不仅要明确数量关系的表象，而且还要有表示数量关系及实际生活情节的语言。教师可以为学前儿童准备动态图片，引导学前儿童观察图片，学前儿童必须知道“增加”“又买来了”“一共是”等词语是表示加起来的意思，“用去了”“吃掉了”“飞走了”“还剩”等词语是表示减去的意思。当学前儿童听到这些词语时，头脑中就出现了相应的表象，于是激活表象进行运算。

(2) 迁移已有操作活动的经验理解加减法的含义。抽象逻辑性是人类思维的典型方式。5岁以上的学前儿童明显地出现了抽象逻辑思维的萌芽，这具体表现在分析、综合、比较、概括等思维基本过程的发展、概念的掌握和判断推理能力的形成以及理解能力的发展，为符号运算奠定了心理基础。数的分合是反映整体与部分的关系，是抽象加减运算的基础。学前儿童在学习加减运算的过程中，一般不太会自觉地运用分合的经验来解答加减问题。因为学前儿童所学的加减运算是另一种形式的数的分合运算，而学前儿童现阶段的思维发展还不能达到洞察数的分合与数的加减之间对应联系的水平。教师应该加强这两部分学习内容的有机联系，创设使学前儿童获得迁移数的分合操作经验的机会，使学前儿童逐步学会运用数的分合的经验进行加减运算。学前儿童在学习运用数的分合进行加减运算时，最好通过他们自身的活动来列算式题，这样更便于学前儿童理解算式题中每个数字及运算符号的意义，同时更好地加深对数运算的理解。例如，结合实物操作复习3个可以分成2个和1个，2个和1个合起来是3个，可以向学前儿童说明2个和1个合起来是3个，写成加法算式就是“2+1=3”。把3个分成2个和1个，从3个里面去掉1个剩下2个，写成减法算式就是“3−1=2”。

2. 学习列加减算式

学前儿童掌握了实物口头加减运算方法后就可以要求他们把运算过程用简单的符号记录下来，借此引入“加号”“减号”“等号”的表示方式，教学前儿童用算式将活动过程和结果记录下来。

3. 自编简单的口头加减法应用题

学前儿童在解答和自编应用题时，通常会表现出以下特点：一是常常受到题目情节干扰，被题中的情节内容所吸引而忽略了题目里的数量关系和问题，忘记计算的任务；二是学前儿童在学习自编应用题时，常因对应用题的结构理解掌握不够，表现出较大困难。大多数学前儿童不会提出问题，或者直接给出答案，或者缺少已知条件，也有的学前儿童编出的题目违反生活逻辑或事物发展的规律。因此，引导学前儿童学习自编应用题的重点是引导学前儿童掌握应用题的结构，提高学前儿童对生活中简单数量关系的理解。

(1) 观察图片，理解题意，明确应用题的基本结构。让学前儿童学习自编应用题，需要学前儿童掌握应用题的结构，即它讲的是一件事；里面有两个数，这两个数指的是一种事物；最后还要提出一个问题。

首先，将题目中的数量关系的变化通过三幅图来呈现，形象地表达应用题的结构和问题的答案。如第一幅图表现事物原有的数量，第二幅图表现事物数量的变化过程(增加或减少)，第三幅图表现事物变化后的数量。

其次，引导学前儿童讲述图意，理解应用题中所要表达的数量关系。要求学前儿童讲述的语言清楚、简洁，每幅图用一句话表达，如“什么地方有几个什么”。同时注意用词准确，知道什么情况下使用“一共”，什么情况下使用“还剩”。还要让学前儿童明白疑问句和陈述句的区别，明白疑问句中没有问题的答案，在编应用题时要提出问题。

最后，引导学前儿童用数字、符号列出数字试题，表达三幅图之间的数量关系，并能说出算式表达的含义。

(2) 为学前儿童创设编题的情境，让学前儿童自由编题。首先，给学前儿童创设编题的情境。教师开始可以给学前儿童提供实物或图片，让学前儿童根据情境的提示编题。还可以给学前儿童一个加法或减法算式，启发学前儿童结合自己的生活经验，编成加法或减法的应用题。教师也可以不提供任何条件，完全让学前儿童根据自己的生活经验想内容，确定应用题的内容与问题。

其次，归纳题型，加深学前儿童对加减法含义的理解。

加法题型：

加法题型 A：两个集合的元素合在一起，求一共是多少。

例：明明有 2 本书，小利有 3 本书，两人一共有几本书？(2+3=5)

加法题型 B：求一个集合扩大后有多少。

例：池塘里有 5 条小鱼，又游来了 3 条小鱼，现在池塘里有几条小鱼？(5+3=8)

加法题型 C：两个集合比较，一个集合中的元素比另一个集合中的元素多，求这个集合中的元素。

例：菲菲有 2 个娃娃，咪咪的娃娃比菲菲多 1 个，咪咪有几个娃娃？(2+1=3)

加法题型 D：已知去掉多少，和剩下多少，求原来是多少。

例：树上有许多小鸟在唱歌，飞走了 2 只，还剩下 5 只，树上原来有几只小鸟在唱歌？(5+2=7)

减法题型：

减法题型 A：求还剩多少。

例：冰箱里有 5 瓶饮料，喝掉了 3 瓶，还剩几瓶？(5−3=2)

减法题型 B：求减少了多少。

例：盘子里原来有 6 个柿子，剩下 4 个，吃掉了几个柿子？(6−4=2)

减法题型 C：求两组物体相差多少。

例：花园里有 7 只蝴蝶在找花朵，可是只有 5 朵花，蝴蝶和花相差多少？(7−5=2)

减法题型 D：两个集合比较，一个集合中的元素比另一个集合中的元素少，求这个集合中的元素。

例:玲玲有 6 只铅笔,妹妹的铅笔比玲玲少 3 只,妹妹有几只铅笔?(6－3＝3)

减法题型 E:两个集合比较,求多多少或少多少。

例:公园里有 3 只斑马,4 只长颈鹿,斑马比长颈鹿少几只?或长颈鹿比斑马多几只?(4－3＝1)

(3) 逐步教会学前儿童编题。教师编题,学前儿童重述或模仿教师编一道意思相仿的题;教学前儿童补充编题,即教师编一道题,讲了前面的一件事,两个数,请学前儿童提一个问题,或由学前儿童讲前面的部分,教师完成后面的提问;由教师提供相应素材,学前儿童由浅入深地独立编题。

四、学前儿童认识数学符号的教育

数学符号又叫数字,也可称为数码。每个数字都代表了一个数量,是记录多少的手段。世界上最常用的是阿拉伯数字:0、1、2、3、4、5、6、7、8、9、10。中国常用的汉字数码为一、二、三、四、五、六、七、八、九、十等。

在周围的环境中,学前儿童随处都可以见到数字,如闹钟、钱、日历、刻度尺等。他们也会听到人们说:“我的手机号是 135111×××××。”通常,在能够将符号与数字名称进行实际匹配之前,学前儿童就已经开始使用这些数字名称了。如一个学前儿童说:“1 个、2 个、3 个,我一共有 3 个布娃娃。”学前儿童最先记住的是数字的字形,例如,3 岁左右的学前儿童就能指认数字,但是,这个时候的学前儿童就如认字一样只是记住了数字的外形,并不理解数字的含义。随着学前儿童数概念的发展,他们才能逐步理解数字的意义。

学一学·练一练

小火车

活动工具:1 个口哨,10 把椅子,上面分别贴有 1～10,分别代表 1～10 号车厢,数字的颜色要不同、醒目。

内容:教师将学前儿童分组。每组在吹哨后找到座位,然后告诉教师自己坐的是几号车厢。

（一）教育内容与要求

在前运算阶段，学前儿童应掌握6项数字符号技能：

（1）能够识别并说出一个数字。

（2）能够把数字按顺序排列：0、1、2、3、4、5、6、7、8、9、10。

（3）能够把数字与物体相对应：如“1”表示一样东西。

（4）能够理解在按照多少顺序排列起来的一组数字中，后面的数字总比前一个数字多1（即2比1多1个，3比2多1个等）。

（5）能够学会把某一个数字与该数字代表的任何一组物体联系起来，并且为给定的数字匹配一组相应数量的物体。

（6）能够学会书写数字。

上述技能的教育渗透在学前儿童数概念的学习过程中。如中班的学前儿童认识基数时，学习将数字与物体对应，学习序数时，将数字及数量卡片按顺序排列。

（二）认识数字

教学前儿童认读数字时，一方面让学前儿童认准字形，读准发音，更重要的是让学前儿童会用数字表示相应数量的物体，建立数字与数量的联系，理解数字的实际意义。

（1）进行数字与数量相联系的活动。在熟悉数字字形的同时，理解数字的意义。

（2）教学前儿童认识数字字形。以下游戏可帮助学前儿童认识数字。

① 拼数字：将每个数字剪成2～3片，学前儿童将其拼成完整的数字。该操作活动能帮助学前儿童记准字形。

② 数字歌。学习数字歌谣。

学一学 · 练一练

1，2，3，4，5，我们都是好朋友，6，7，8，9，10，一起来唱数字歌。
1，1，1，我是1，像只铅笔能写字；2，2，2，我是2，像只小鸭嘎嘎叫；
3，3，3，我是3，像只小鸟飞得高；4，4，4，我是4，像面小旗飘呀飘；
5，5，5，我是5，像个小钩能钓鱼；6，6，6，我是6，像棵小芽快快长；
7，7，7，我是7，像把镰刀割青草；8，8，8，我是8，像个葫芦藤上挂；
9，9，9，我是9，像只蝌蚪水里游；左边1，右边0，走到一起就是10。

（三）书写数字

书写数字的前提是学前儿童对数字概念有基本的认识。如果没有积累足够的学习基本数字概念的具体经验，花大量的时间练习写数字会使学前儿童感到迷惑，而且学前儿童也不感兴趣。学前儿童第一次书写数字并不一定就是在课堂上。日常生活中，他们可能会问到怎么写自己的年龄、电话号码或地址，这时让他们练习写数字的非正式活动就产生了。喜欢写字的学前儿童可能喜欢模仿着写他们在周围环境中看到的数字，如钟表、日历上的数字，教师应该鼓励他们并适时地提供帮助。可以制作（或买）一些数字卡片，学前儿童就可以通过触摸来感受数字的形状，体验书写数字的动作。要等到学前儿童的小肌肉协调能力发展起来之后，才能开展正式的书写课程。4 岁半以后学前儿童可以在大的纸上随意写数字，但是，在“田”字格里写数字要到大班。

首先，要教会学前儿童掌握正确的书写姿势。正确的书写姿势，是学前儿童写好数字的前提，也有利于保护学前儿童的视力和身体的正常发育。坐时两脚自然平放于地面，身体坐正，头要直，胸部和桌边保持约一拳的距离，纸放正，左手轻按纸，右手用大拇指、食指、中指三个手指握笔，手指握笔部位约离笔尖两手指距离，小指轻触纸面作为支点。

其次，要求学前儿童笔顺正确，格式规范，书写工整。学前儿童学习书写数字，一般使用“田”字格本，首先向学前儿童说明“田”字格的上下左右部位，字体要写满左边的上下两格（也就是第一个“日”字格），但不能出格。然后根据每个数字讲解书写的顺序，即从何处起笔、向什么方向运笔、如何拐弯等。最后指导学前儿童正确书写。教师先在“日”字格里示范，学前儿童用手指进行书空练习（在空中画数字），以熟悉笔顺和笔画。熟悉笔顺之后试着在“日”字格里临摹，字要满格，最后再用铅笔自己练习书写。写字时要从左到右，一个一个写，一行一行写，一笔一画要工整，不涂抹，不潦草，保持书面整洁，如图 5－2 所示。

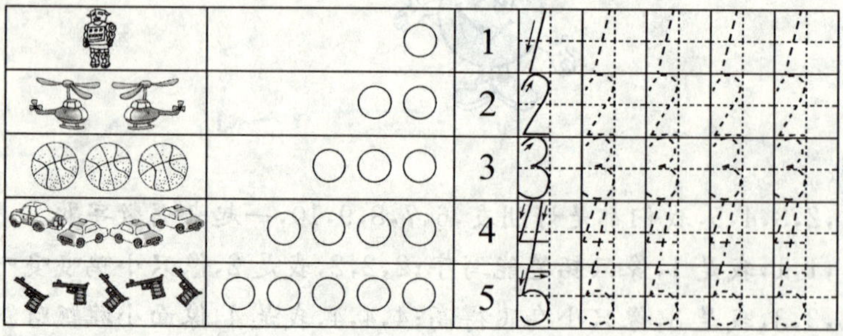

图 5－2　数字书写范例

最后，在循序渐进的过程中提高学前儿童书写数字的水平。一次书写活动一般不超过 10 分钟，教师要随时提醒学前儿童书写要认真、有耐心，注意保持正确的书写姿势和笔顺。

课后练习

1. 简要说明学前儿童数概念发展的阶段特征。
2. 分析学前儿童计数具有哪些特点。
3. 简答学前儿童数概念的教育要求。
4. 论述学前儿童加减运算能力发展的年龄特点。
5. 什么是数序，其特点有哪些？
6. 设计一个教小班儿童认识“5”的基数含义的教学活动。
7. 举例说明学前儿童数概念的教育方法。

项目六

学前儿童量概念的发展与教育

项目分析→

学前儿童在生活中接触各种各样的物体时，就感知到物体的大小、长短、轻重、高矮、粗细、厚薄等属性。认识常见量是学前儿童数学教育的重要内容。量概念的教育，能够帮助学前儿童认识和区分周围物体，促进学前儿童感知觉和智力的发展。

学习目标→

1. 了解量的概念及计量方式。
2. 认识学前儿童量概念的发展阶段及年龄特点。
3. 理解学前儿童量概念的教育要求。
4. 掌握学前儿童量概念的教育方法。

案例导入

在“比粗细”的教学活动中，教师将儿童带到操场上，让儿童自主观察树的形状和高矮，在相互谈到树干的粗细时，教师提问：“用什么办法可以知道哪棵树的树干粗，哪棵树的树干细？”当儿童有测量想法时，教师及时为他们提供有关测量工具(比如幼儿较为熟悉的塑料串链)，并要求3人一组自由结伴去测量。此时，有的儿童说：“有串链。”儿童玩具，也有的儿童说：“我们把它接长些。”于是他们就将接长后串链尝试围在树干上，并对同伴说：“记录。”同伴问：“记什么？”他们赶忙把串链拿下来数一数一共有几个串链，并同时记录数得的结果。接下来，每个小组通过争议、商量、交流合作完成了测量，最后得出哪一颗树干粗，哪一颗树干细。

分析：鲁戈夫以维果斯基的理论为基础，提出了认知的发展是一种合作性过程的理论。他认为同伴地位的相似性有时能使他们起到成人不能起到的作用。现有的研究证明，如果课堂的社会结构支持儿童之间的互动，儿童就能通过合作来解决问题。合作学习的方式确实可以增进儿童思维的积极性，提高他们解决问题的能力。因此在中、大班的教学中，创设学习情境往往是让儿童以小组合作学习的方式进行的。

任务一　学前儿童量概念的发展

在日常生活中，学前儿童经常可以遇到一些问题：爸爸妈妈会关注宝宝有没有长高、变重；有的学前儿童能主动帮助妈妈拎东西，有的很容易拎起来，有的怎么也拎不动。这些都和“量”有关。

一、量的概念

量是指客观世界中物体或现象所具有的可以定性区别或测定的属性。它可以分为不连续量和连续量两种。不连续也叫分离量，是表示物体的集合元素多少的量；连续量也叫相关量，是表示物体属性的量，如长度、面积、体积等。学前儿童初步认识的是生活中的一些连续量，如大小、长短、高矮、粗细、厚薄、宽窄、远近、轻重等。

二、量的计量

量的计量是把要测定的量和一个作为标准的同类量进行比较的过程。用来作为计量标准的量叫作计量单位，如米是长度的计量单位。用一个计量单位去计量某一个量，结果得到这个量含有计量单位的若干倍，这个数值就叫作这个量的量数。

图 6－1　天平

计量方法有直接计量和间接计量两种。直接计量是指把要计量的量直接同计量单位进行比较而得出量数的方法，如用磅秤称人体的重量等。在幼儿园只涉及直接计量，学前儿童接触到的正式量具有温度计、尺子、天平等。主要是让学前儿童学习自然测量，即利用各种自然物（小棍、绳子、纸条等）作为量具对物体量进行直接计量。

三、学前儿童量概念的发展及年龄特点

（一）学前儿童感知量的发展过程

1. 从明显差异到不明显差异

学前儿童对物体量的感知很早就开始了，2～3 岁的学前儿童已对生活中许多物体量的特征有所感知和体验，但这种认识在早期仍带有很大的局限性，主要表现为缺乏分化和不精确。3 岁左右的学前儿童对量的明显差异能够感知和区分，能够在差异明显

的变量中辨别并区分出最大、最小、最长、最短的量。随着年龄的增长，学前儿童可以对差异不明显的量进行区分。

2. 从绝对到相对

学前儿童在感知、区别量的过程中还表现出一个重要的特点，即对量概念的理解缺乏相对性。例如，低年级的学前儿童常常会说："我的玩具最大。"只有当学前儿童在对两个物体的选择、比较逐步过渡到 3 个或更多物体的比较时，才能逐步理解量的相对性。

3. 从不精确到逐渐精确

学前儿童在生活中积累了关于物体大小和长短的不同经验，并能区分它们，但有时还不能用准确的词语来表达它的意义。如 3～4 岁的学前儿童常常用大、小来代替长度等其他变量的准确名称，如把粗铅笔说成大铅笔，把长毛巾说成大毛巾。学前儿童在量的词语运用和表述方面体现为从不精确到逐渐精确的发展特点。

（二）学前儿童感知量的年龄特点

3～4 岁的学前儿童一般已能感知物体的大小和长短差异，也能用相应的词语来表示。但对于其他量的差异还不能认识到，也不会用相应的词语来表示。他们对高矮、粗细、长短、宽窄等量的差异，都笼统地说成大与小。这一时期的学前儿童对量的认识不具有相对性。他们开始是把物体的大小看作物体的绝对特征，而不是比较的结果，逐渐地才学会比较 4 个以内的物体的量。

4～5 岁的学前儿童感知量的精确性有了很大提高，能比较精确地区分出高矮、粗细、宽窄，厚薄、轻重，并能用相应的词语表达这些量，能判断相等量，但缺乏对物体量守恒的认识。能按照递增或递减的顺序进行简单的量的排序，排序能力有了明显的发展，但数量多时还有一定的困难。实验证明，4 岁左右的学前儿童已有 80％能完成 3 根小棍的排序，35％能完成 5 根小棍的排序，但是对 10 根小棍的排序有较大困难。5 岁左右的学前儿童，能排 3 个物体的比例基本达到 100％，能排 5 个物体的已达 80％，有 55％能完成排 10 个物体。这时学前儿童的排序还依赖于感知和尝试错误，而不是运用逻辑关系认识量的关系。

5～6 岁的学前儿童能够正确地认识并用相应的词语描绘物体量的各种特征，精确性有了较大的提高，对量的相对性有了较好的理解。他们逐渐在逻辑的基础上理解量的序列关系，包括可逆性、传递性、相对性。开始能够正确地排序，而且也不再受知觉范围的局限，有的还掌握了排序的策略。此年龄段的学前儿童能够学习用工具进行测量，但测量还仅限于使用简单工具的测量。学前儿童对于测量的方法、技巧还难以掌握，要依赖于教师的示范和指导，学前儿童独立、正确地完成测量任务还有许多困难。

任务二　学前儿童量概念的教育

一、学前儿童量概念的教育要求

学前儿童量概念的教育要求如表 6－1 所示。

表 6－1　学前儿童量概念的教育要求

对象	教育要求
小班	(1) 会用观察、比较的方法，区别大小和长短不同的物体，会正确运用“大小”“长短”等词语； (2) 能从 4 个大小或长短不同的物体中找出并说出哪个最大(最长)或最小(最短)； (3) 能按物体的外部特征(形状、颜色)或量(大小、长短)的差异进行 4 以内的物体排序。
中班	(1) 能区别并说出物体的粗细、厚薄、高矮等； (2) 能从 5～6 个大小(长短、高矮、粗细、厚薄)不同的物体中找出等量的物体(其中两个是相同量)； (3) 能按物体量的差异，进行 7 以内的正、逆排序，会按一定的规律对物体进行排序。
大班	(1) 会用目测和自然测量的方法，比较物体的长短、高矮、宽窄、厚薄和轻重，能正确表达测量的结果； (2) 能按物体量的差异进行 10 以内的正、逆排序，能按一定的规律排列物体，初步感知序列之间的传递性、双重性和可逆性关系； (3) 学习量的守恒，知道物体的外形、摆放位置等发生变化时，其量不变。

二、学前儿童量概念的教育方法

学前儿童量概念的教育方法非常丰富，下面分别介绍其中几种主要的教育方法。

(一) 比较物体大小、长短、粗细、高矮、厚薄、轻重的活动及教育

1. 教学前儿童运用多种感官获得对量的感知体验

学前儿童通过多种感官感知物体量的特征。在比较物体的量时，让学前儿童通过视觉、触觉等感官的联合感知比较，来体验物体的体积、长度、重量等方面的特征。例如，让小班儿童比较两个球的大小时，除了让他们看一看之外，还可以让他们抱(拿)球，在这个过程中，学前儿童不仅观察到了球的外形大小不同，而且感觉到了球所占据的空间的不同。又如，比较厚薄、粗细时，也可以让学前儿童用手触摸获得粗或细、厚或薄的感觉。通过各种在感觉之间建立的联系可以使学前儿童对量的认识更为明确和清晰。

2. 教学前儿童掌握正确的比较方法

教学前儿童通过重叠或并放的方法来比较量。例如，学前儿童在比较两本书的厚

薄时，教师可以提出问题："用什么办法可以知道它们的厚薄是不一样的？"让学前儿童说一说自己想到的办法并启发学前儿童将两本书叠放在一起或并放在一起，观察其厚薄。又如，学前儿童比较小棒的长短时，应提醒学前儿童把小棒的下端或左端对齐；比较高矮时，被比较的物体要在同一个水平面上。

3. 鼓励学前儿童用语言描述比较结果

学前儿童比较量时，教师要鼓励学前儿童用相应的词语如大、小、粗、细、厚、薄、宽、窄等描述比较结果。在描述结果时，对不同年龄段的学前儿童的要求不同。例如，小班儿童不理解"比"这个词，只要求说出如"红笔长、黄笔短"的比较结果即可。中、大班儿童要用"比"这个词语，要求说出如"丝巾比毛巾薄，毛巾比丝巾厚"的比较结果。此外，对于中、大班的儿童还可要求他们想出两样物体并用相应的词语描述出来。例如，学习比较宽窄时，让学前儿童想出两样东西比宽窄。有的学前儿童就会说："我见过马路是宽的，幼儿园门口的路是窄的。"

4. 引导学前儿童体验量的相对性

量具有相对性的特点，对于中班以上的学前儿童，应引导他们体验量的相对性。具体做法是对 3 个不同量的物体进行比较。例如，呈现 3 根不同长度的铅笔，请学前儿童思考、讨论中间的一根是长还是短。学前儿童通过比较后发现红色的铅笔比黄色的铅笔长，红色的铅笔比蓝色的铅笔短，从而使学前儿童逐步理解物体的量不是绝对的，是比较出来的。

（二）排序活动

排序是将两个以上的物体，按某种特征上的差异或一定的规律排列成序。

1. 数学活动中的排序形式

（1）按物体量的差异排序。按物体量的差异排序即按物体的大小、长短、高矮、粗细、厚薄、宽窄等排序。例如，图 6-2 所示为把铅笔按从长到短的顺序排列；反之，也可以将铅笔按从短到长的顺序排列。相对于前者，后者可称为逆向排序。

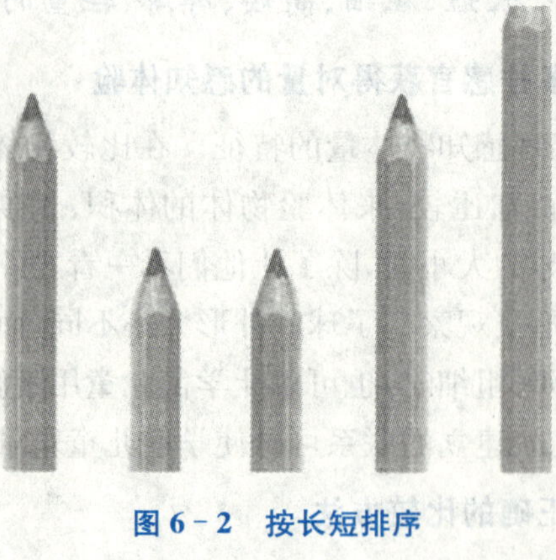

图 6-2　按长短排序

（2）按数量多少、数字大小排序，如图 6－3 所示。

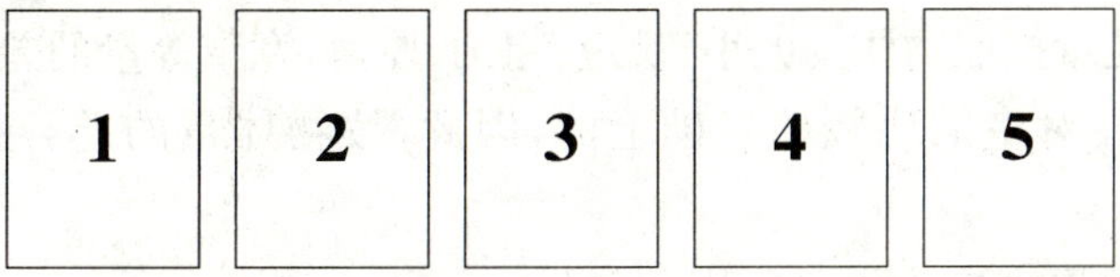

图 6－3　按数字大小排序

（3）按一定规律排序。

学前儿童的学习内容涉及以下规律：

① 重复式样（如 AB-AB，ABC-ABC，ABB-ABB），如图 6－4 所示。

② 滋长式样（如 AB-ABB-ABBB），如图 6－5 所示。

③ 变异式样（如 ABC-ABD-ABE），如图 6－6 所示。

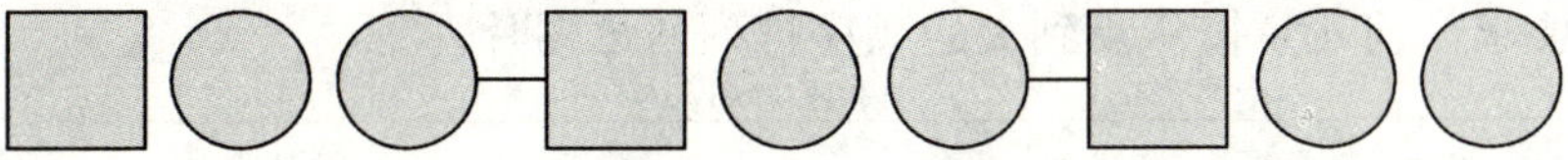

图 6－4　重复式样

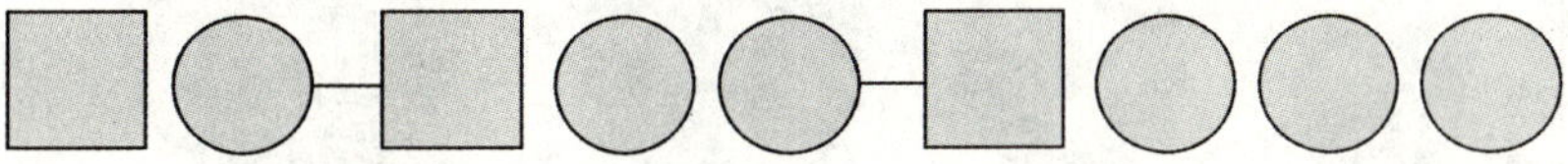

图 6－5　滋长式样

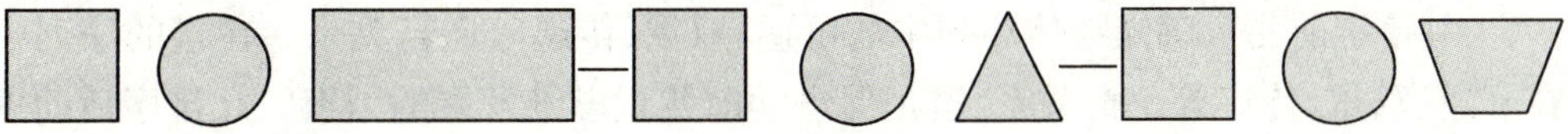

图 6－6　变异式样

2. 排序活动的意义

（1）排序有助于学前儿童理解抽象的数概念。排序是学前儿童理解数序的基础。学前儿童在排序时，通过操作摆放物体并调整位置，建构一个序列。在这个过程中，学前儿童体验到物体之间的差异性、传递性和双重性，在逐步形成“序列化”的逻辑观念后，就能迁移到对数序的理解上。此外，排序活动能促进学前儿童可逆性、传递性和双重性思维能力的发展，这些思维能力正是学前儿童形成抽象的数概念必须具备的基础。

（2）排序能发展学前儿童的观察、比较、判断、推理及逆向思维能力。排序是连续的比较，学前儿童在排序时，需要对几个物体进行观察，发现物体在某一特征上的差异及一定规律之后再进行排序，有助于培养学前儿童的观察能力。学前儿童在按物体量的差异排序时，把物体从小到大、从少到多或从大到小、从多到少反复排列，这种对于顺向、逆向序列的练习有助于学前儿童逆向思维能力的发展。学前儿童学习把物体按规律排序时，实际上是一种排列推理的练习，可以促进学前儿童判断、推理能力的发展。

3. 排序的教育方法

(1) 教学前儿童按照物体的大小、长短、粗细、厚薄、宽窄等量的差异排序。按量的差异排序是建立在对量的比较的基础上的,因此,按物体量的差异排序的重点在于比较。

按量的差异排序需要注意以下几个方面:

① 确定难易适度的教育内容。小班儿童学习按大小、长短排序且数量不超过5个;中班儿童学习按粗细、高矮、数量多少等排序;大班儿童学习按厚薄等排序且数量在10个以内。

② 让学前儿童在操作中建构序列。教师根据教育内容给学前儿童提供适宜的操作材料,例如,各种等差的实物或实物卡片、排序底版等。排序底版方便学前儿童的操作,在底版上标有底线及排序的方向标记。例如,给学前儿童提供长条形排序底版,图6-7即为要求学前儿童按从小到大的顺序排列西瓜图片。

图6-7　按从小到大的顺序排列西瓜图片

③ 引导学前儿童感知物体序列中的可逆、双重、传递等逻辑关系。在量的序列中,存在互逆、双重、传递等逻辑关系,这是促进学前儿童思维发展的因素。在排序活动中,教师要提出相关问题引发学前儿童的思考和讨论。例如,中班儿童按长短把一组小棒正、逆排序后,教师提问:"你两次排的有什么不同?"让学前儿童说一说小棒可以从短到长排列,也可以从长到短排列(体验序列的可逆性)。又如,也可以指着一根小棒提出"为什么放在这里"的问题,让学前儿童说一说"这根小棒比前面的长又比后面的短"(体验双重性)。对大班儿童可以提出"你怎样知道黄棍比绿棍长"的问题,让学前儿童体验量的传递性。

(2) 教学前儿童按一定的规律排序。按一定的规律排序是排序的另外一种形式,也可称为模式排序。

① 确定符合学前儿童年龄特点的教育内容。小班儿童学习简单的重复式样,中、大班学前儿童学习难度大一些的滋长式样和变异式样。滋长式样涉及计数,难度大一些。变异式样涉及思维的发散,学前儿童较难理解和掌握,在大班可以涉及。

② 由易到难、循序渐进地设计活动。学习有规律的排序有以下难易程度不同的方式。

a. 识别。请学前儿童观察一组物体的排列规律,说一说物体是怎样排列的。

b. 复制。给学前儿童提供一个按某种规律排列的范例,在识别的基础上让学前儿童模仿着排列出来。

c. 延伸。给学前儿童提供一个范例，让学前儿童按照范例的规律接着排列下去，如图 6－8 所示。

图 6－8　延伸

d. 填补。出示中间有空缺的一组物体，如图 6－9 所示，让学前儿童从中发现排序规律，并进行填空。这种方式需要学前儿童有一定的判断、推理能力，难度比较大。

112333	11233	11 ? 3	112

图 6－9　填补

e. 创造。让学前儿童自己设计、创造某种排序规律。

③ 密切联系实际生活，帮助学前儿童理解规律排序。教学前儿童学习按规律排序时应注意联系实际生活，从引导学前儿童观察环境中有规律排列的物品入手，这样有助于学前儿童理解规律。让学前儿童开展操作活动时，也要创设情境。例如，让学前儿童用珠子穿一条漂亮的项链送给妈妈，装饰一条花边来美化幼儿园的环境。

④ 让学前儿童获得关于规律排序的多种体验。其一，动作式。例如，拍手—拍肩—拍手—拍肩—拍手—拍肩。其二，声音式。用乐器敲打或让学前儿童模拟声音。例如，咚咚锵—咚咚锵—咚咚锵。

（三）感知体验量的守恒活动

体验量的守恒是大班儿童量概念的一项教育内容。感知、体验量的守恒包括感知物体的长度、面积、体积、容积等几个方面的内容。通过感知量的守恒，培养学前儿童的量的守恒的观念，以促进学前儿童判断推理能力及思维灵活性的发展。

1. 通过量的变式让学前儿童获得量守恒的体验

变式指的是量的多变化形式，如图 6－10 所示。通过这种形式让学前儿童理解量的守恒。

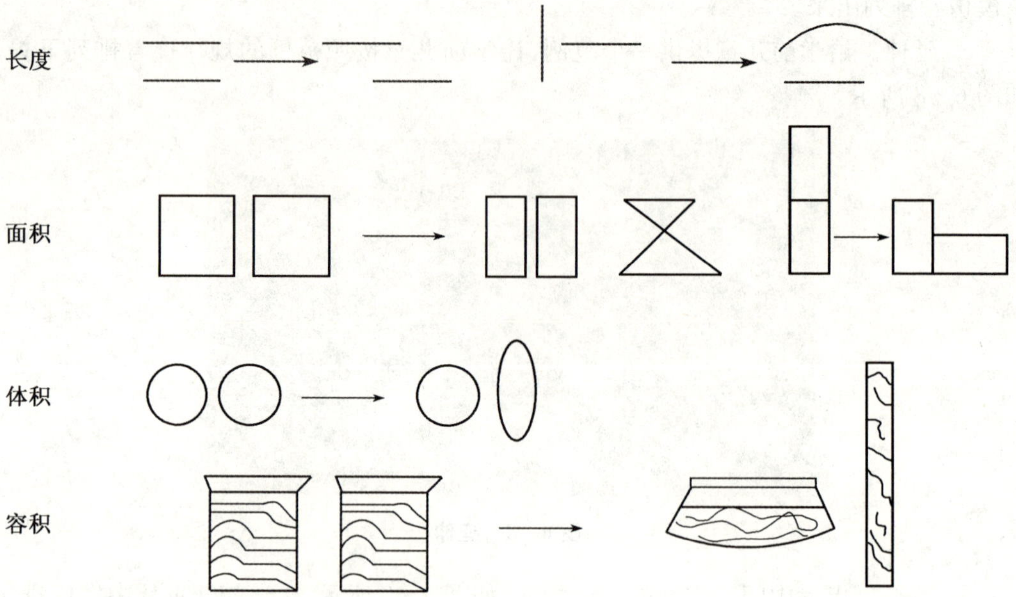

图 6-10　变式

运用变式让学前儿童体验量的守恒时要注意以下两点：

(1) 确定等量。给学前儿童提供同等量的两份物体，引导学前儿童进行守恒判断。这样，当其中一个物体的外部形式发生变化后，其原来的表现形式仍存在于另一个物体中，学前儿童能直观地、有比较地看到这种变式，有利于做出判断。

(2) 让持不同认识的学前儿童各自陈述理由。教师让学前儿童说一说自己的认识。然后让学前儿童再进行对比，在反复的操作过程中逐步理解量的守恒。

2. 通过比较和数数感知量的守恒

物体的量都可以用计量单位来测定。因此各种量的守恒可以通过比较计数单位数量是否相等做判断。例如，长度守恒，学前儿童可以计数两根小棒各占几个方格来判断它们的长度是否相等，如图 6-11 所示。又如，容积守恒，要确定一个细而高的瓶子里的水和一个粗而矮的瓶子里的水是否一样多，让学前儿童用杯子测量不同瓶子里装的水，测量的结果如果是杯数相同，就说明每个瓶子里装的水是一样多的。

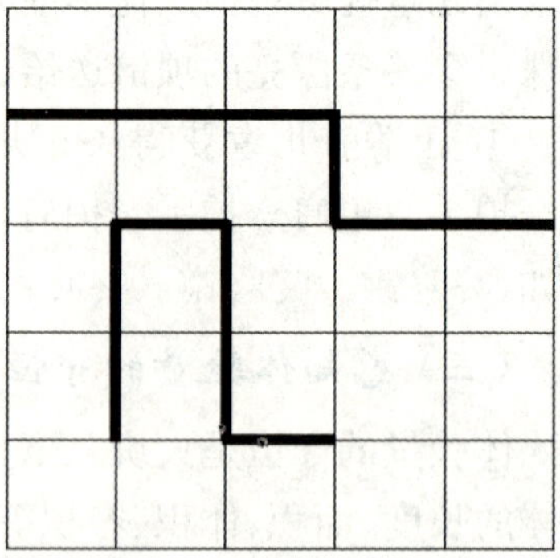

图 6-11　长度守恒

(四) 自然测量活动

1. 自然测量活动的意义

测量是认识量的手段。通过测量，可以加深学前儿童对各种物体量的认识，加深学前儿童对 10 以内数的理解。通过测量，学前儿童运用数概念，体验把整体分解成部分及部分与部分置换的运算结构，建立测量单位体系的观念，为日后学习计量做好心理准备。

2. 学前儿童理解计量的心理准备

学前儿童理解、掌握计量方法是比较困难的，其心理准备包括 3 个基础观念的形成。当学前儿童达到以下的认知水平时，才能理解并掌握计量方法。

(1) 要能够很好地理解和运用数概念来表示物体的量。

(2) 要有长度守恒和距离守恒的观念。

(3) 要能理解计量就是把一个整体单位划分为许多相等的小单位。

3. 自然测量活动的指导

(1) 引发学前儿童的测量兴趣。在组织学前儿童开展测量活动时，注意结合生活中所遇到的测量问题，创设问题情境，引发学前儿童的测量兴趣。

案例分析

游戏时，教师请亮亮和强强在教室的前方和后方用积木分别搭了一座亭子。在数学活动时，教师问："怎样才能知道两座亭子哪一座高哪一座矮呢？"学前儿童纷纷想办法，红红说："把两座亭子放在一起比。"但是发现这样容易把亭子弄倒；有的学前儿童说用尺子量，有的学前儿童说用铅笔、小棒量。

分析：在这个案例中，学前儿童知道了测量的必要性。如果没有尺子，学前儿童自然就会想到用自然物作为量具。

(2) 帮助学前儿童掌握测量技能。由于测量本身有一系列的操作要求，学前儿童开始掌握不了测量的方法、动作要领，如测量的始端、量具的移动、如何做记号及算出测量结果等，而后还要进行重复测量加以验证。对这些关键性的技能教师要演示、讲解，使学前儿童明确要求。例如，用小棒测量某个物体的长度时，开始可以让学前儿童在被测量的物体上摆放量具，而后数一数有几个量具。这种方法直观一些，能帮助学前儿童掌握测量方法。然后，可以进一步让学前儿童学习移动量具做记号的测量方法，掌握测量长度的方法。

(3) 学习记录、交流测量的结果。在自然测量时，应给学前儿童提供记录单，让学前儿童用数字、图画等方式把测量结果记录下来并相互交流。在这个过程中，学前儿童会遇到一些问题，例如，用小棒测量桌子边时，往往会多出一点，多出这一点怎么记，要引发学前儿童的思考和讨论，从而培养其认真求实的态度。

(4) 引导学前儿童初步理解测量单位与测量结果之间的关系。在学前儿童掌握了测量方法后，可以为学前儿童提供不同的工具来测量同一个物体。例如，用不同长短的小棍测量同一张桌子的边长。学前儿童测量后，教师提问："为什么同样长的桌子边，用红棍和黄棍量出来的结果不一样呢?"经过讨论，学前儿童认识到：红棍长，量的次数少；黄棍短，量的次数多，这样可以促使学前儿童感知、体验函数关系，发展学前儿童思维的灵活性。

三、量概念教育的注意事项

量概念教育的注意事项主要有以下两点。

1. 给学前儿童创设一个丰富的可以进行比较的环境

在数学区角中，投放用于比较的材料、学具。例如，套筒、套碗、各种等差的小棒、玩具、串珠供学前儿童操作；搜集不同大小的瓶子、盒子等废旧材料投放在数学区角中供学前儿童比较。

2. 在各种活动中渗透量概念的教育

在生活中注意引导学前儿童观察物体并进行量的比较。例如，在日常生活中要求学前儿童把东西按大小、长短等量的特征进行分类整理，这样既培养了学前儿童做事的条理性，又给学前儿童提供了进行量的比较的机会。

在学前儿童排队、游戏时，让学前儿童运用"高矮""快慢""远近"等量的概念和词语。在语言活动中，组织学前儿童玩"说相反词"的游戏。例如，教师说"大"，学前儿童说"小'；教师说"长"，学前儿童说"短"；教师说"宽"，学前儿童说"窄"。

课后练习

1. 什么是量？量的计量方式有哪几种？
2. 不同年龄阶段的学前儿童感知量的概念具有哪些特点？
3. 简述学前儿童量概念的教育要求。
4. 试举例说明比较物体大小、长短、粗细、高矮、厚薄、轻重的教育方法。
5. 设计一个中班儿童比较大小的教学活动。

项目七

学前儿童对几何形体认识的发展与教育

项目分析→

形体是物体的一种空间存在形式，几何形体是对客观事物形状的抽象和概括。几何形体包括平面图形和立体图形。对学前儿童进行几何形体的教学，是学前儿童数学教育的重要内容。几何形体的教育，可以提高和改善学前儿童的空间认知能力，并为学习数学概念奠定基础；还可以发展学前儿童的空间想象能力和解决实际问题的能力。

学习目标→

1. 了解几何形体的概念。
2. 了解学前儿童对几何形体认识的特点。
3. 理解学前儿童对几何形体认识的教育要求。
4. 掌握学前儿童对几何形体认识的教育方法。

案例导入

在“喂你吃”游戏活动中，教师提供的材料有三角形、圆形、方形图形板和三角铁、玩具车轮、手帕、围巾等含有三种图形特征的实物；将“小兔”“小熊”“小老虎”的嘴巴分别设计成“三角形”“圆形”“方形”的形状，然后要求儿童将篓子中的“雪花片”当作“饼干”去喂这些小动物。

分析：儿童通过看一看、摸一摸、摆一摆等形式，在与操作材料相互作用的过程中，不断感知、积累、获得有关三角形、圆形、方形的图形特征，逐步获得鲜活的、生动的、有价值的和有意义的数学经验，从而形成三角形、圆形、方形等几何图形的初步概念。

任务一　学前儿童对几何形体认识的发展

我们周围物体有各种各样的形状。圆圆的盘子、长方形的餐桌、圆柱形易拉罐……学前儿童往往能够辨别出这些物体,但是却说不出它们是什么形状的。

一、几何形体的概念

数学由两个概念构成,一个是数,一个是形,这两者都是现实世界的一部分。数学被这两个概念牢牢地系在物质现实上,比较抽象的方面关系到数,比较直观的方面关系到形,这两方面相辅相成、一体两面。几何形体是对客观物体形状的抽象和概括,具有普遍性和典型性。几何形体分为平面图形和立体几何图形(几何体)。

平面几何图形是指由不同的线段在二维空间里所围成的封闭的图形,如圆形、正方形、长方形、三角形、梯形等。

立体几何图形是对客观物体形状的抽象和概括,它是由几个面所围成的三维形体,具有普遍性和典型性。它源于客观世界物体的形状,又不同于任何一个具体物体的形状,而是对相似形状的一类物体的概括,反映物体的形状属性,是确定物体形状的标准。

二、学前儿童对几何形体认识的发展特点

(一)认识几何形体的顺序

(1) 先认识平面几何图形,后认识几何体。

(2) 认识平面图形的顺序:先圆形后正方形,然后逐次是三角形、长方形、半圆形、椭圆形和梯形等。

(3) 认识几何体的顺序:球体、正方体、圆柱体、长方体和圆锥体。

(二)学前儿童认识几何形体的年龄特点

1. 3~4岁

(1) 对平面几何图形具有较好的配对能力。

(2) 对圆形、正方形、三角形达到正确认识的水平,但不是从形状的特征上来认识的,而是与现实生活中熟悉的物体相对应。

2. 4~5岁

(1) 能正确认识长方形、半圆形、椭圆形、梯形。

(2) 能理解平面几何图形的基本特征。

(3) 能对相似的平面几何图形进行比较,找出相同与不同。

(4) 能做到图形守恒。中班儿童能做到不受大小、颜色和位置的影响,正确辨认和命名平面几何图形。

(5) 能理解平面几何图形之间的简单关系，分、合、拆、拼的转换关系。

(6) 学前儿童对使用平面几何图形进行拼搭表现出积极性和创造性。

3. 5～6 岁

(1) 进一步理解平面几何图形之间的关系。

(2) 能认识一些基本的几何体，命名并认识其特征。

(三) 学前儿童等分概念的发展特点

等分就是把一个整体分成几个相等的部分。等分的份数越多，每一份就越小，即整体大于任一部分，任一部分小于整体。对学前儿童只要求学习二等分和四等分。把一个几何形体(或实物)分成相等的两份叫作二等分(二等分是整个的一半)；分成相等的四份叫作四等分(四等分是整个一半里的一半)。学前儿童在日常生活中经常遇到等分问题，如将一块蛋糕切成相等的两块，将一张正方形的纸折出一样的四个小正方形等。通过等分的教学，不仅可以帮助学前儿童学会有关等分的知识和技能，了解整体和部分的关系，同时也能为其将来学习除法和分数积累感性经验。

让学前儿童等分几何图形(或实物)时应注意选择具有轴对称性质的图形，如圆形、等腰(等边)三角形、正方形、长方形、椭圆形、等腰梯形、球体、圆柱体、正方体、长方体等都可进行二等分，其中除等腰三角形、等腰梯形外还都可以进行四等分。

等分的形式是多种多样的。

1. 等分平面几何图形

等分平面几何图形如图 7－1、图 7－2 和图 7－3 所示。

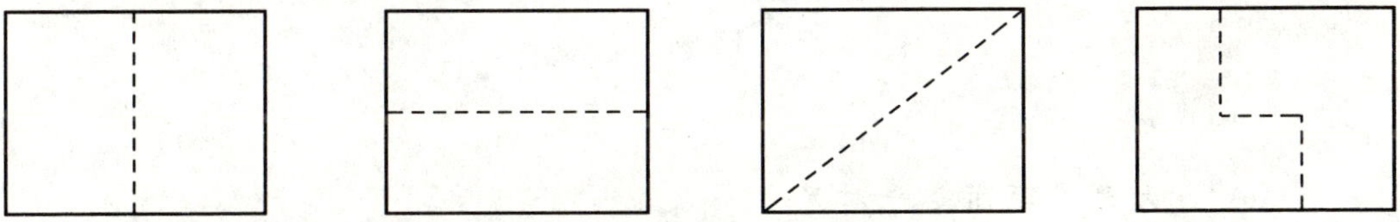

图 7－1　二等分平面几何图形

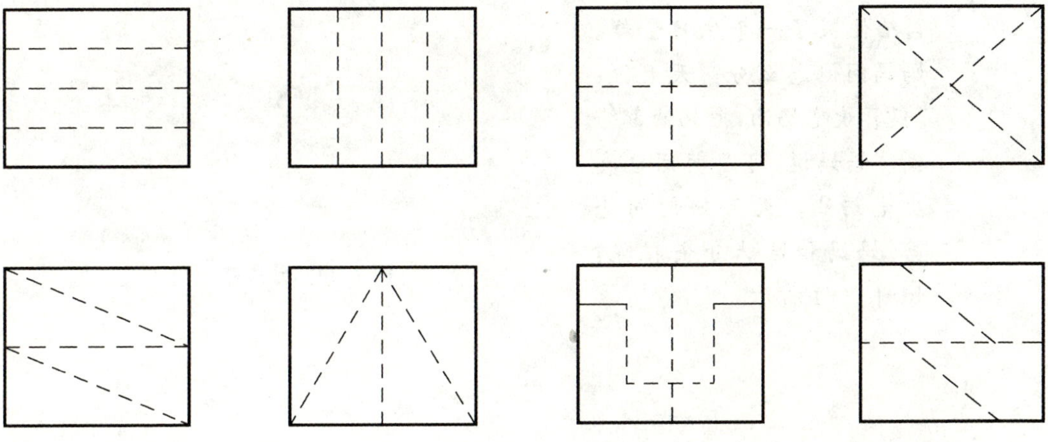

图 7－2　四等分平面几何图形

图 7-3　四等分平面几何图形教具

2. 等分几何体

等分几何体的形式可以参考平面几何图形的等分形式。另外，还可以从几何体的厚度中去等分。例如，柱体的蛋糕四等分，就可以按其厚度横向切断平均分成 4 份。

学一学 · 练一练

天天和丽丽是一对兄妹。天天是哥哥，丽丽是妹妹。天天过生日的时候，爸爸给他买了一个生日蛋糕。妈妈问他怎么分？天天说："我喜欢吃奶油，把奶油都给我。"妈妈说，可是丽丽也喜欢吃奶油。天天如何同爸爸、妈妈和妹妹分蛋糕呢？如图 7-4 所示。

图 7-4　分蛋糕

3. 数量等分

让学前儿童进行数量等分的操作，如 8 粒一样的糖分成 2 份或 4 份；12 粒一样大小的花生分成 2 份或 4 份。

任务二　学前儿童对几何形体认识的教育

一、学前儿童对几何形体认识的教育要求

学前儿童对几何形体认识的教育要求如表 7 - 1 所示。

表 7 - 1　学前儿童对几何形体认识的教育要求

对象	教育要求
小班	知道什么是圆形、三角形和正方形，能根据要求取出图形并说出名称。
中班	(1) 知道什么是长方形、椭圆形和梯形，能正确说出名称，能从周围环境中找出和图形相似的物体； (2) 能不受颜色、大小及摆放位置的影响，正确辨认和命名图形； (3) 初步理解图形之间的简单关系，如 1 个正方形可分成 2 个长方形和 4 个小正方形等，并能运用图形按要求或自由拼搭。
大班	(1) 知道什么是球体、圆柱体、正方体和长方体，能正确说出名称和基本特征，能从周围环境中找出相似的物体，并能根据几何形体的特征进行分类或排列； (2) 能区分平面几何图形和几何体，体验平面几何图形之间及平面几何图形与几何体之间的关系； (3) 初步知道等分的含义，会把一些几何形体或有规则的物体分成相等的 2 份和 4 份，感知整体与部分的关系，知道整体大于部分，部分小于整体。

二、学前儿童对几何形体认识的教育方法

(一) 认识几何形体(以下简称“图形”)的方法

1. 通过观察和触摸，让学前儿童在感知图形的基础上说出图形的名称

学前儿童认识图形是图形知觉问题。教学前儿童认识图形，首先要让学前儿童感知图形，在充分感知而获得有关图形的感性经验的基础上，再配合准确的词语，达到正确命名图形的要求。因此，教师应运用观察、触摸的方法，让学前儿童感知图形。开始时，应尽量选用生活中接近平面图形的物体，让学前儿童从实物出发感知图形，然后再用标准的图形进行教学。例如，小班儿童认识圆形，教师先让学前儿童观察圆镜子(或圆盘子、圆盒盖等)，提出“这镜子是什么形状的”问题，并让学前儿童用指尖沿着圆形边缘和面触摸，让学前儿童感知镜子的面是平的，边缘是光滑的，它是圆形的。应分发给每个学前儿童一个圆形硬纸片(或塑片)，让他们反复充分地观察和触摸，在获得清

晰的体验的基础上，再让学前儿童描述自己触摸图形后的感受并说出名称。这个过程是对图形的感知与词语相联系的过程，重在发展图形知觉，重在让学前儿童在头脑中建立各种图形的直观形象，使之成为正确认识图形的基础，也为以后发展空间想象力做准备。同时，在这个基础上说出的图形名称，就蕴含了一定的感性内容，而不是空洞的词语了。

感知、认识图形对幼儿园各年龄班的学前儿童均十分重要。尤其在小班应主要运用这种方法帮助学前儿童认识新的图形。

2. 通过图形和图形的比较认识图形

通过对图形和图形的观察比较，让学前儿童区别不同图形的特征，从而认识新的图形，这是在学前儿童已经认识的图形的基础上进行的。通过找出两个相近图形的相同点和不同点，在比较中掌握新的图形名称及其特征，这种方法多用于中班儿童认识新图形的教学。

例如，认识长方形，可以把长方形和已经认识的正方形进行比较，应使用长方形的宽和正方形的边一样长的两张图形进行重叠比较(长方形在下面，正方形重叠在上面)，这样学前儿童可以明显地看到长方形有两条相对比较长的边，这是长方形的主要特征。这时再让学前儿童比较长方形和正方形的相同点(都有 4 条边和 4 个一样大的角)和不同点(正方形的 4 条边都一样长，长方形有 2 条对着的边长，另外 2 条对着的边短)，从而认识长方形的基本特征。同样也可通过圆形和椭圆形的比较来认识椭圆形及其特征。

(二) 认识图形的基本特征和图形守恒

学前儿童在充分获得对图形的感性经验和学会命名之后，应进一步让学前儿童认识图形的基本特征，这是中班的教育要求。

(1) 图形的基本特征主要指图形的边和角的数量。例如，三角形有 3 条边、3 个角；正方形有 4 条边、4 个角，4 条边一样长，4 个角一样大等。对图形基本特征的认识，是对图形认识的进一步抽象概括，它不仅能帮助学前儿童感知和命名图形，而且能使其理解图形特征的一些简单规律。教学时，应告诉学前儿童图形的边是指什么，什么是图形的角，让学前儿童数一数图形有几条边，有几个角，它们是不是一样长或者一样大。然后再让学前儿童观察不同大小和颜色的同一种图形，分别分析讨论它们的边和角的数量，巩固对图形基本特征的理解，加深对图形的认识。

(2) 图形守恒是指能不受图形的大小、颜色和摆放位置的影响，正确辨认和命名图形。在学前儿童就不同大小、颜色以及摆放位置的同一种图形做基本特征的分析讨论时，已经是图形守恒的前奏了，此时学前儿童已具备了达到图形守恒的基本条件，只需要成人予以启发引导，让学前儿童做出进一步的归纳和概括。例如，教师为每个学前儿童提供不同颜色、不同大小的图形(先从两种图形开始)，让学前儿童进行操作分类，然后讨论操作分类的结果。讨论中，教师提出启发问题，引导学前儿童思考并正确说出理由。例如，教师取出1个钝角三角形和1个等腰三角形，问学前儿童："这两个形状看上去不一样，不只是大小不一样，它们的样子也不一样，你为什么把它们分在一起呢？"这能引导学前儿童从基本特征上确定形状的名称，得出"它们都有3条边和3个角，所以都是三角形"的结论，达到不受外部因素（颜色、大小及摆放位置）的影响，正确辨认图形的目的。

（三）通过对图形的分割和拼合，让学前儿童认识图形之间的关系

认识图形之间的简单关系是对已知图形的进一步认识，它能帮助学前儿童理解整体与部分之间的关系，同时也起到培养学前儿童从不同方面思考问题，促进思维灵活性发展的效果。

学前儿童对图形之间的关系的认识，主要是通过对图形的分割和拼合进行的。内容上应从简单到复杂，先等分，后不等分；先二等分，再四等分。步骤上，先分后合，方法可先由教师讲解演示，说明如何分合图形，后让学前儿童操作练习，也可先启发学前儿童自己探索如何分合图形，教师再做必要的解释或示范。但不论用何种方法，均应通过分合的操作活动，重点让学前儿童理解一种图形和其他图形之间的关系，并让学前儿童知道整体可以分成部分，部分合起来还是原来的整体，整体大于部分，部分小于整体。

例如，教师先告诉学前儿童，一种图形可以把它分开变成另外两个一样大的图形，然后用一张正方形的纸，上下边对折成两个长方形并剪开，让学前儿童清楚地看到一个正方形可以分成两个一样大的长方形，再让学前儿童看一下两个长方形拼合起来，是否还是原来的正方形，继而可发给学前儿童每人一张正方形纸，请他们用折叠的方法将纸分成两个部分，鼓励他们探索和找出不同的新方法来分割图形（对角折成两个一样大的三角形），最后讨论操作结果，明确两种不同的分割方法，都可使正方形变成两个一样大的不同的图形，并用拼合的方法验证结论的正确性。以上的教学过程，也可改为先由学前儿童操作探索，但教师要明确地提出要求：用折叠的方法把一个正方形分成两个一样大的图形，引导并鼓励学前儿童为此做出思维上的努力。

此后可让学前儿童自己探索长方形、圆形等的二等分、四等分方法。还可以发给学前儿童每人4块同样大的直角三角形，请他们拼出正方形、长方形和梯形等。

各种等分教学宜在中班进行，大班可进行不等分的教学（如一个长方形可以分成一个梯形和两个三角形或一个正方形和四个三角形）。不论如何分割和拼合图形，教学过程均应围绕认识图形之间关系这一目的。因此，不但要重视学前儿童的操作和探索活动，更重要的应讨论图形分合的结果，理解图形之间的关系和整体与部分的关系。

（四）比较平面几何图形和几何体以及几何体之间的不同

几何体与平面几何图形的区别在于几何体有长短、宽窄和高低，平面几何图形只有长短和宽窄。将平面几何图形与相应的几何体比较既加深了学前儿童对平面几何图形的认识，又突出了几何体的特征，帮助学前儿童克服平面几何图形与几何体混淆的问题。因此，应将几何体与相应的平面几何图形进行比较。例如，教学前儿童认识正方

体，可以用一块正方体积木和一张与正方体的面等大的纸做比较。让学前儿童先复习一下正方形纸的特征，再比较它与正方体的不同，向学前儿童指出正方形是一个面，它有长和宽；而正方体有六个一样大的面，正方体除了长和宽外还有高，并让学前儿童用食指沿着正方形的长和宽以及正方体长、宽、高的三条棱运动比画，使学前儿童清楚长、宽、高具体指的是什么，学会以此辨别平面和立体的区别。还要用多种物体让学前儿童指出不同几何体的长、宽、高，反复进行练习，以求真正理解和掌握相关知识。

将几何体与几何体做比较也是认识几何体的一种有效方法。它能突出不同几何体的异同，使学前儿童在原有几何体知识的基础上获得新的知识。例如认识长方体，可以运用已经认识的正方体与长方体（两个对称的侧面与正方体的面等大）做比较，使学前儿童认识到长方体和正方体都有六个面，都有长、宽、高，但是正方体的六个面都是一样大的正方形，长方体有四个面是长方形，还有两个面可以是长方形，也可以是正方形。

教师还可用不同的长方体让学前儿童辨认，问学前儿童它们是什么形体，为什么，从而使学前儿童牢固地掌握长方体的本质特征。还可以用相似的，但又不同本质的几何体或物体，让学前儿童判断它们是不是同一种几何体。如认识球体时，让学前儿童辨别扁圆柱体是不是球体，为什么。有的孩子说它是球体，因为它可以滚，滚得很远。有的孩子说它不是球体，因为它不是哪边都能滚，放平了就不能滚，也不是哪边看都是圆的，所以它不是球体。从这样的争论中，学前儿童不仅运用和巩固了有关圆柱体基本特征的知识，而且也学会了判断和推理，用语言说明自己的观点，反驳对方的意见，使思维和语言都得到有效的锻炼。同样，认识圆柱体时，可让学前儿童鉴别粉笔、灯罩、花瓶等是不是圆柱体，为什么。

（五）对图形认识的巩固

在学前儿童初步认识了各种图形及其特征后，需通过各种方法予以复习。以下列举几种方法：

1. 图形分类

按不同图形分别归类，既是感知集合的重要教育内容，也能巩固对图形的认识。图形分类的内容及要求，应视不同年龄班和学前儿童已有的知识水平有所区别，并逐步增加难度，提高要求。例如，最初对相同颜色的不同图形分类；继而对相同颜色、不同大小的图形分类，即同类图形中有大的和小的；然后再增加颜色的干扰因素，即同类图形都有大小和颜色之分；最后让学前儿童对不同颜色、大小的不同图形自定分类标准自由分类，并说出分类的理由。在大班还应要求学前儿童按两种特征对图形进行分类。

2. 寻找图形和与图形相似的物体

（1）寻找图形。即根据教师说出的图形名称或特征，让学前儿童找出相应的图形。所选用的方法与上述图形的分类方法相同。还可以提供各种图形组成的图样，让学前儿童从中找出什么图形有几个。图样的简繁程度，应在学前儿童已经认识的图形及数的范围之内。如图 7－5 所示，让学前儿童观察图中的物体分别由哪些图形组成，并指出每种图形各有几个。

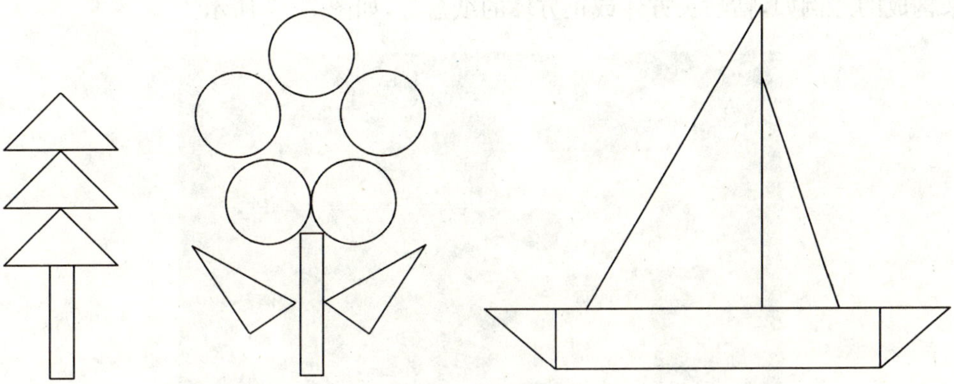

图 7-5　找图形

（2）寻找与图形相似的物体。引导学前儿童在周围环境中，运用已经掌握的几何图形的知识，寻找与几何图形相似的物体或物体的某一部分。这样使学前儿童对几何图形的认识从抽象概括的图形又回到具体的物体，拓展学前儿童的视野，丰富学前儿童对几何图形的认识，发展学前儿童的观察力和空间想象力。

可以让学前儿童在教室内寻找，看看哪些东西像什么形状（可以事先准备一些物体，也可以不做准备），如像圆形的物体有飞盘、茶盘、圆盒的底（口）等。类似正方形的物品有窗上的玻璃、方毛巾、方手帕等，与三角形相似的物品有三角尺、三角形的旗子、三角衣架等，也可以按教师说出的图形名称找出相似的物品。

在室内寻找后，可以把学前儿童引向更大的空间，如整个幼儿园、家里或其他地方，让学前儿童凭记忆，想一想“什么东西像什么形状”。这种寻找较为困难，教师不要急于让学前儿童回答，可事先向学前儿童交代观察的任务，如“请小朋友回家找找看，家里有哪些东西像正方形，明天告诉老师和小朋友”等，使学前儿童能有目的地寻找。

3. 在泥工、手工和建筑游戏等活动中巩固对几何体的认识

泥工塑造的是立体的物体，泥工活动中学前儿童运用立体图形的知识塑造各种物体，不仅能清晰地感知物体的形状，而且能更深刻地体验到各种几何体的特征。例如，大班孩子认识球体后，要求他们用橡皮泥捏出球体状的物体，结果他们创造出了葫芦、太阳、茶壶、苹果、枇杷、不倒翁等极富创造性的球状物体，从而加深了对球体的认识。图 7-6 所示为学前儿童泥工活动的作品。

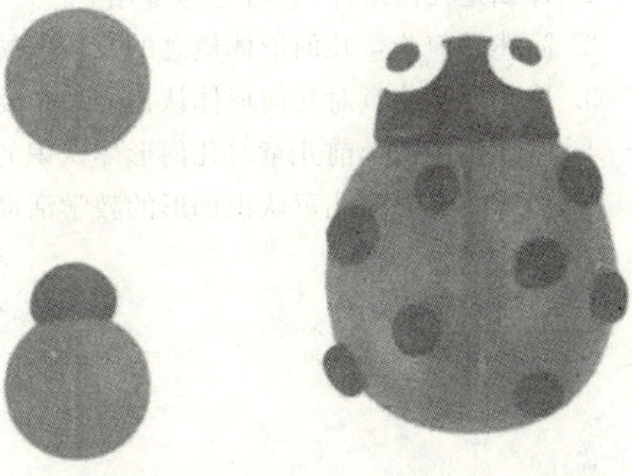

图 7-6　学前儿童泥工活动的作品

在手工活动中，通过纸张的剪裁、粘贴，使学前儿童具体地感受到立体的东西是由面来构成的。例如，粘贴长方体或正方体的纸盒等，如图 7－7 所示。

图 7－7　环保手工制作

学前儿童建筑游戏使用的各种大小积木都是各种典型的几何体，学前儿童在用积木构筑各种建筑物的过程中，并按照自己构思的需要，反复地比较各种几何体积木的特征，选择最适宜表现出建筑物某个部分的积木，按它的特征正确放置和拼搭。例如，学前儿童选择圆柱体积木做门柱，把它竖立在两旁，既高又好看；娃娃的床应选用长方体或正方体积木才能平放等。整个建筑过程就是学前儿童对几何体及其特征不断加深认识的过程，而且还能从中具体而清晰地认识到几何体与人们日常生活特别是建筑物的关系。

课后练习

1. 什么是几何形体，它可分为哪几类？
2. 简述学前儿童几何形体概念的一般发展过程。
3. 论述学前儿童对几何形体认识的教育要求。
4. 试举例说明学前儿童对几何形体认识的教育方法。
5. 设计一个学前儿童认识梯形的教学活动。

项目八

学前儿童空间概念的发展与教育

项目分析→

空间比较抽象，但它们又是人们日常生活中经常面临的、不可避免的问题。学前儿童的空间概念从出生起就不断发展，对学前儿童进行空间教育，有利于发展他们的空间知觉能力，帮助他们更好地适应日常生活。

学习目标→

1. 了解空间的含义及特点。
2. 认识学前儿童空间概念发展的年龄特点。
3. 理解学前儿童对空间概念认识的教育要求。
4. 掌握学前儿童对空间概念认识的教育方法。

案例导入

在"认识左右"的游戏活动中，教师请幼儿来摆放自己和对面小动物的餐具，体验以自我为中心的左右以及以客体为中心的左右差别。有的幼儿在操作中将相对摆放的两套餐具的左右都摆在同一个方向，遇到这种情况，怎样才能让幼儿弄清楚对面的左右和自己的左右是相反的呢？教师提示幼儿到座位的对面去检查一下。结果幼儿发现自己摆错了，立即做出调整。

分析：由于幼儿以自己为中心判断左右的经验已经较为成熟，而以客体为中心的左右经验尚未完全形成，所有幼儿在处理上述问题时，首先选择以自己为中心来判断左右。该教师发现幼儿错误以后，没有直接告诉他正确做法，而是暗示幼儿到对面去自己检查，从而自我发现错误，及时做出调整。这样做让幼儿再次进行思考，通过自身的努力最终获得成功，有效地培养幼儿发现问题、解决问题能力和水平。

任务一　学前儿童空间概念的发展

我们这里讨论的空间概念，主要是狭义的空间概念，即对空间方位的辨别。对空间方位的辨别，就是对客观物体在空间中所处位置关系的判断。它是由多种感官(尤其是视觉和触觉)协同作用完成的。

一、空间的含义与特点

(一) 空间的含义

空间是客观物质存在的形式。任何物质都存在于一定的空间之中，并且和周围的其他物体存在着空间上的相互位置关系，也就是空间方位关系，一般用上下、前后、左右等词语表示。空间方位关系是数学的研究对象之一。

狭义的空间概念，即空间方位概念，是指对客观物体的相互位置关系的认识。而广义的空间概念，还包括对各种空间变换关系的认识(如辨识物体在空间中的移位、翻转或旋转变换)，甚至包括对大小和形状的认识。

(二) 空间的特点

空间概念具有相对性、可变性和连续性的特点。

1. 相对性

我们在描述物体的空间方位时，总是要和一定的参照物联系在一起。例如，我在老师的后面，我在黑板的前面。根据不同的参照物，就会得出完全不同的判断。

物体的空间方位不是一个绝对的特征，而必须相对于某个参照物而言。我们不能像描述物体的颜色、质地一样描述它的空间位置，而必须以一定的参照物为标准，这就是空间方位概念的相对性特点。

2. 可变性

正因为物体的空间方位具有相对性的特点，所以它也具有可变性的特点。当参照物的方位发生变化时，该物体的方位也会随之发生变化。例如，原来甲站在乙的前面，如果乙移动了自己的位置，甲就可能变成在乙的旁边或者后面了。又如，即使乙不移动位置，只要他掉转方向，甲也会变成在乙的后面。所以，一个物体的空间方位是会随着参照物的位置或朝向的改变而改变的，这就是空间方位概念的可变性。

3. 连续性

物体位置的改变或参照物位置的改变，都会导致物体的空间方位的改变。但这种改变是连续的，而不是突变。例如，在乙从甲的后面移动到甲的前面的过程中，它们之间的空间方位关系也出现了一个连续的变化过程：原先乙在甲的后面，逐渐变成在甲的左后面、左面、左前面、前面。这其中，空间方位的变化是渐进的、连续的，并没有明确的界限。这实际上反映了空间概念的连续性特点。即空间方位往往不是就某一个点而言的，而是指向一个区域的。相邻区域之间的界限是模糊的，无法截然分开。

二、学前儿童空间概念的发展和年龄特点

（一）学前儿童认识空间方位的发展过程

学前儿童的空间方位知觉是随着年龄的增长而逐步发展的，具有明显的年龄差异，在发展的过程中，体现出以下几个趋向：

(1) 认识空间方位的顺序是上下—前后—左右。国内心理学研究普遍认为，学前儿童认识空间方位的顺序是先上下，再前后，最后是左右。出现这种情况的原因，主要是由方位本身的复杂程度决定的。虽然上下、前后、左右都是相对概念，但上下方位一般是以“天”“地”为标准确定的，由此确定的人体的“头在上，脚在下”也不会改变，学前儿童容易辨别。前后和左右的方位是有方向性的，而且随定向者自身位置的改变而发生变化，学前儿童辨别起来比较困难。辨别左右比辨别前后更为困难。

(2) 以自身为中心过渡到以客体为中心判断空间方位。人们在判断空间方位时，会采取两种参照系：以主体（自身）为参照，判断客体相对于主体的空间位置关系；以客体为参照，判断客体之间相互的位置关系。学前儿童在辨别空间方位的过程中要经历以自身为中心逐步过渡到以客体为中心的定向过程。

学前儿童最初以自己的身体为参照认识空间方位关系。他们首先把不同的方向与自己本身的一定部位相联系：如上面是头，下面是脚，前面是脸，后面是背，右手是右边，左手是左边，是以自己身体定向为出发点的。后再以自身为中心确定相对于自己的客体的位置，如“我前面有黑板，后面有桌子”。这种判断实质上仍是以自身为中心的位置定向。然后学前儿童逐步过渡到以客体为中心确定空间方位，如“桌子上面有书”。学前儿童以客体为中心辨别上下、前后容易些，但是辨别左右比较困难。这是因为学前儿童思维的自我中心状态，很难站在别人的立场考虑问题。

图 8-1　学前儿童排队做游戏

(3) 认识空间方位的区域逐渐扩展。学前儿童开始只能够区分距离比较近的，正对着自己的前面、后面、左面、右面的物体的方位，对于方位偏斜的物体位置，不能做出判

断。随着年龄的增长，学前儿童逐渐能够区分主体的斜前方、斜后方，以及偏左或偏右物体的方位。

（二）学前儿童空间概念发展的年龄特点

3～4 岁的学前儿童能够辨别上下，开始学习辨别前后。但他们所能理解的空间概念是有限的。仅限于直接感知的范围内，如自己身体的部位，离自己不远的、正对自己的物体等。对于不是正对自己身体的物体，他们就不能正确辨别方位了。

4～5 岁是学前儿童空间概念快速发展的时期。他们能够辨别前后，而且开始学习以自身为中心辨别左右，能够辨别离自己身体比较远的物体和稍微偏离上下、前后、左右方向的物体的方位。

5～6 岁的学前儿童能够正确辨别上下、前后、左右，他们能把空间分为两个区域，或左和右，或前和后；还能把一个区域分成两个部分，如把前面分成前面的左边和前面的右边。但是，学前儿童还不能完全做到以自身为中心辨别左右，以客体为中心辨别左右更是困难。

学前儿童心理发展研究表明，在辨别以客体为中心的左右时，学前儿童必须首先在自己的头脑里将身体进行 180°的转弯，想象着自己站在客体的位置上才能确定出哪边是左，哪边是右，这对学前儿童来说难度很大。

任务二　学前儿童空间概念的教育

一、学前儿童空间概念教育的内容及要求

学前儿童空间概念教育的内容及要求如表 8－1 所示。

表 8－1　学前儿童空间概念教育的内容及要求

对象	教育内容及要求
小班	(1) 区分并说出以自身为中心的上下方位，包括自己身体部位的上下位置，在自己上面的物体，在自己下面的物体等； (2) 学习判断两个物体之间明显的上下关系，说出什么在什么的上面，什么在什么的下面等。
中班	(1) 区分并说出以自身为中心的前后方位，包括自己身体部位的前后位置，在自己前面的物体，在自己后面的物体等； (2) 区分并说出物体与物体之间的上下、前后位置关系； (3) 学会按指定的方向运动，向上、向下、向前、向后等。
大班	(1) 区分并说出自己的左手和右手，根据自己的身体判断自己与物体的左右关系； (2) 学习辨别物体与物体之间的左右关系，知道上下、前后、左右方位是可以变换的； (3) 学习向左或向右运动。

二、学前儿童空间概念的教育方法

(1) 让学前儿童用感知描述的方法，区分自己身体的上下、前后、左右部位，初步掌握关于方位的词语及含义。学前儿童对空间方位的认识是从对自己身体有关部位的方位认识开始的。要形成对自己身体有关部位的意识，直接的自我感知为最有效的方法。在感知的基础上，配合词语的描述，使学前儿童对空间方位的认识有初步的概括理解。例如，教小班儿童认识上下，先请学前儿童想想自己身体的上面有什么，下面有什么，启发学前儿童摇摇头、动动脚以获得对这些部位的感知，然后再说出身体的上面有头，下面有脚。将身体的部位与有关方位词联系起来，使词语的获得建立在直接感知的感性基础上，其目的是为了使学前儿童初步理解方位词的含义，而不是认识身体部位，所以应突出和重复"上面"和"下面"的词语。还可改变提问方式反复让学前儿童回答。例如，"头在你身体的什么地方?""脚在你身体的什么地方?"用同样的方法，让中班儿童认识自己身体的前面是脸，后面是背；让大班儿童认识，扶碗(纸)的手是左手，拿筷子(笔)的手是右手等。

(2) 让学前儿童用观察、操作和做游戏等方法，辨认自己和物体以及物体与物体之间的位置关系。在学前儿童认识了自身各部位的方位以后，要进一步引导学前儿童辨别自己与物体的方位关系，最后达到能正确判断物体之间方位关系的目的。认识自己与物体以及物体与物体之间的方位关系均可让学前儿童通过观察、操作以及做游戏等方法进行，必要时教师可做示范讲解。

图 8－2　某幼儿园中班学前儿童排队

① 观察法。可在活动室内让学前儿童观察自己的上面有什么(如天花板、灯等)；下面有什么(如地板等)；前面有什么(如黑板等)；后面有什么(如玩具架、墙壁等)；你的左边有什么(如窗户等)；右边有什么(如门、柜子等)。带学前儿童外出参观或散步，要求学前儿童通过观察说出在自己的上面有天空、太阳、云彩等，下面有地、小草、石子等，以及前后、左右、近处、远处都有什么。还可以设置情境让学前儿童观察、辨认，如请一位学前儿童站到黑板和桌子之间，请小朋友说出他的前面和后面都有什么，也可以将玩具前后排列起来帮助他们辨别物体之间的前后方位。

② 操作法。学前儿童运用操作法可以加深和巩固对空间方位的认识。例如，分给学前儿童每人一件小玩具，在他们欣赏了自己的玩具之后，教师要求他们把玩具放在桌

子的上面、下面，放在椅子的上面、下面，每更换一次方位都要求部分学前儿童轮流向大家说明“我把××(玩具)放在桌子的上面(下面)”等，以巩固学前儿童对方位的正确认识。又如，在学前儿童观察了教师在桌子上面和下面摆放的各种玩具以后，请学前儿童分别前来取一件自己喜爱的玩具，但要学前儿童说明是从桌子的上面还是下面拿的；也可以让学前儿童自己把玩具放在某个地方并说明玩具的方位。

③ 游戏法。通过做游戏来培养学前儿童对方位的认识，这样能引发他们很强烈的兴趣。例如，组织学前儿童玩“给娃娃布置房间”的游戏，教师先摆好娃娃家的必要家具(床、桌子、柜子、椅子等)，然后向学前儿童交代任务，说娃娃房间里什么也没有，教师为娃娃准备了许多有用的东西，请大家帮助娃娃把东西放好，看什么东西应该放在什么地方，再一边出示玩具一边问学前儿童“这是什么？(被子)谁能告诉老师，被子应该放在什么地方？(床上面)”“这是什么？(鞋子)应该放在什么地方？(床下面)”逐次地出现花瓶、茶杯等，也可以由教师先摆好玩具让学前儿童说出放的方位。又如，玩“捉迷藏”的游戏，教师请部分学前儿童先按音乐或琴声自由走动拍手，音乐停止后每人要找个地方躲藏起来，然后教师叫出学前儿童的名字，问他在哪里，学前儿童应说出他的方位，如“我在黑板后面，墙的前面”“我在柜子的右面，门的后面”等。还有一些口头加动作的辨别方位的动作游戏，如做相反的游戏，通过教师和学前儿童或学前儿童和学前儿童之间说相反的方位词和做出相反的动作，来提高学前儿童对相对方位掌握的熟练程度。例如，教师说“上”，学前儿童说“下”；教师说“前”，学前儿童说“后”；教师说“左”，学前儿童说“右”；等等。开始只是口头进行，继而可配合手势，加强学前儿童方位词与实际方向辨认的联系。类似还有“摸耳朵”的游戏，教师发出口令“用左(右)手摸你的左(右)耳朵”，学前儿童照此行动，其中穿插着相反方向的命令“用你的右(左)手摸你的左(右)耳朵”，这样反复交替进行，并可逐渐加快速度，以训练学前儿童反应的敏捷性。

(3) 用讲解演示法，帮助学前儿童理解空间方位中的困难问题。在必要的时候，教师应向学前儿童讲解演示如何区分空间方位。例如，学前儿童在辨认对面客体的左右方位时遇到困难，产生了左右混淆的现象。对此，教师应做出必要的讲解和演示，帮助学前儿童正确地理解和辨认。应告诉学前儿童，当小朋友们面对着教师的时候左边是窗户，右边是门，而转个身背朝教师时，就变成左边是门，右边是窗户了，左、右的位置和原先的相反了，并让学前儿童照此做一遍以体验和验证这个道理。在这个基础上，教学前儿童区分对面的物体与物体的左右方位，教师可以出示三件玩具：面对学前儿童依次排列着大象、娃娃和小熊，问“大象在娃娃的左边还是右边？”这个问题往往使学前儿童感到犹豫，难以回答，或者多数学前儿童从自身的左右方向出发做出错误的判断，说大象在娃娃的左边(站在对面娃娃的立场，大象应在右边)。对此，教师可进行讲解演示，向学前儿童具体说明如何判断站在自己对面物体的左右方位。可先请一位小朋友(或教师自己)用左(右)手拿着大象，让学前儿童注意到这时小朋友是和大象同一方向的，所以大象在左边，然后让示范的学前儿童举着大象转身180°，面朝大家(即和娃娃同一方向)，再请小朋友从自己的方向看看现在大象在哪一边(右边)，这样学前儿童可以直观地看到，当小朋友站到对面时，左边就成了右边，右边就成了左边，从而具体地理解了判断对面物体的左右方位，应和自己的左右方位相反这一道理。

(4) 在学前儿童一日生活及各种活动中结合进行空间方位的教育。学前儿童空间方位的教育除在必要的上课时间进行外，可大量地在一日生活的各种活动中进行。因为学前儿童一日生活的各种活动，随时都需要学前儿童对方位做出辨别。因此，从学前儿童入园的第一天起就应结合各种活动让学前儿童学习辨别方位。如排队或散步时谁在前面，谁在后面；做早操时，手往上举，蹲下来；吃饭时，请小朋友左手扶碗，右手拿勺；等等。在音乐和体育活动中，也离不开向上向下、向前向后、向左向右等动作的运动方向。教师要善于利用各种机会，通过各种活动让学前儿童学习辨别空间方位。

图 8－3　某幼儿园学前儿童活动照

(5) 教师在引导学前儿童用正确的词语表达空间方位时，要明确地提出辨别方位的立足点。在一次小班学前儿童“认识上、下”的教学活动中，教师在桌子的上面和下面放了许多玩具，请小朋友轮流前来自由选取一件喜爱的玩具。一位小朋友从桌子的下面抱走了一辆玩具电车，教师问他：“XX，你的电车是从哪儿拿的？”学前儿童回身甩手一指说：“那儿。”教师又问：“在什么地方？”答：“在地下。”两次提问均没得到教师所希望得到的正确答案：从桌子下面。问题何在？教师意识到自己的提问不准确，改问：“是从桌子的什么地方拿的？”这时学前儿童才正确地说出：“从桌子下面拿的。”其实，就提问的内容而言，学前儿童前两次的回答都是对的，问题在于教师的提问没有为其准确地提供判断空间方位的坐标（桌子）。

课后练习

1. 简述学前儿童认识空间方位的发展过程。
2. 试举例说明学前儿童空间概念的教育方法。
3. 设计一个大班学前儿童认识空间方位的教学活动。

项目九

学前儿童时间概念的发展与教育

项目分析→

任何客观物质，都要经过一个持续发展的过程。例如，物体从空中落到地面，人们从出生到死亡，这些物质运动过程的持续性，都是物质的时间属性。

学前儿童认识时间是时间知觉问题，是客观事物运动和变化的延续性和顺序性在意识中的反映。教学前儿童认识时间，感知时间的存在，可以发展学前儿童的时间知觉。帮助学前儿童树立时间概念，养成良好的生活习惯。学前儿童对时间顺序性、周期性等的理解，可加深学前儿童对次序关系、整体与部分关系的认识，提高思维的水平。教学前儿童认识时间也是学前儿童数学教育的一项不可忽视的内容。

学习目标→

1. 了解时间的概念及特点。
2. 理解学前儿童时间概念的发展特点及年龄特点。
3. 领会学前儿童时间概念的教育要求。
4. 掌握学前儿童时间概念的教育方法。

案例导入

妈妈答应4岁的女儿明天去游乐园，女儿很开心，就急着问妈妈："什么时候才到明天呢？"妈妈说："你闭上眼睛睡觉，睡醒以后就是明天了。"于是女儿立马躺到床上，闭了一会儿眼睛，然后跳起来高兴地说："我醒了，该去游乐园了。"

分析：在儿童的观念里，他们认为这样做就可以缩短到明天的时间。其实儿童会出现这样的行为一方面是因为他们不理解时间是客观的，无法人为地缩短或延长，另一方面他们没有弄明白时间的先后顺序，只有今天过去了以后明天才会到来。认识时间的先后顺序可以发展儿童的逻辑思维，形成序列观念。

任务一　学前儿童时间概念的发展

时间是连续量，是数学的研究对象。在人类文明发展史上，时间是较早地能被人们加以定量描述的概念。像太阳的东升西落，月亮的望朔圆缺，为人们提供了精确而又简便的度量时间的方法。因此，时间成了具有统一标准的可测物理量，从早上、白天、中午、下午、晚上，到一天、一星期（有七天）、一月、一年，体现了连续量的延续性，所以时间是一种可测的连续量，也属于数学的范畴。

一、时间的特点

1. 时间具有流动性和不可逆性

时间一秒秒、一分分地过去，川流不息，不以人的意志为转移。今天过去了不会再回来，即使是过去一秒钟，人们也再不能感知到同一个一秒钟，只能在时间的流动中一秒连着一秒、一分连着一分地感知。所以，时间具有流动性和不可逆性的特点。

2. 时间具有周期性

时间虽然是流动的，但又有周期性。时间虽是一秒一分地流逝，但它是一秒复一秒、一天复一天地交替更迭。今天有早晨、中午、晚上，明天又有早晨、中午、晚上；今年有春、夏、秋、冬四季，明年又有春、夏、秋、冬四季。时间就是这样日复一日、年复一年地交替着向前流动。所以，时间又具有周期性的特点。

3. 时间没有直观形象

时间不具有直观现象，它既看不见摸不着，也闻不到听不见。所以人们总是通过某种媒介来认识时间。这种媒介可以是自然界的周期性现象，如太阳的升落、昼夜的交替、季节的变化等，也可以是机体内部的一些有节奏的生理活动，如饿了、心跳的节奏以及有节奏的呼吸等，还可以是测量时间的工具，如钟表、日历等。通过这些媒介，使时间成为可被人们测量和认识的对象。

二、表示时间概念的词语

（1）表示时间次序（顺序）的，如“先”“后”“同时”“以前”“以后”“再”等。

（2）表示时间阶段（单位）的，如“秒”“分”“时”；“早上”“上午”“中午”“下午”“白天”“晚上”；“昨天”“今天”“明天”；“日”“星期”“月”“年”等。

（3）表示动作时态的，如“正在”“已经”“将要”等。

（4）表示不确定时间阶段的，如“有一天”“从前”“有时”“老早”“我小时候”等。

（5）表示速度的，如“快”“慢”；“快点”“慢点”等。

对学前儿童认识时间的教育主要要求学前儿童掌握表示时间的单位和表示速度的词语及概念。

三、学前儿童时间概念的发展特点

1. 易受生活实际经验的影响

学前儿童对时间的感知是在感性经验的基础上形成的，对于年龄越小的学前儿童来说，这种感知往往越是与形成它的具体活动相联系的，其应用范围也是越狭窄的。如对“晚上”的理解，就会与“看电视、洗脸、刷牙、睡觉”等生活事件相联系，而不是以抽象的、标准时间的单位为支持来确切感知时间的。因此，学前儿童对时间概念的认知往往表现得不够精确，而带有模糊性。

2. 易受知觉影响，把时间和空间等同起来理解

学前儿童在理解时间概念时易受知觉的影响，是指在对时间的认知上没有能够将不同速度的运动纳入统一的时空参照系中。对于这一特点，皮亚杰曾经做过实验，他把两个布娃娃放在同一条起跑线上，发出一个信号后，两个布娃娃开始赛跑，结果一个跑得快些，另一个慢些。问学前儿童两个布娃娃是否在同一时间起跑，同一时间停下，学前儿童的回答就表现出明显地将空间和时间混淆等同的特点，他们会认为一个布娃娃要比另一个布娃娃晚停下，因为它跑得更远。

3. 更易理解短的周期时间顺序

在对时间顺序和周期的理解上，学前儿童往往较易理解的是短的周期，如一天（早上、中午、晚上）。再逐渐发展到理解更长的时间周期，如一星期、一个月、一年（四季）。这是因为在“早、中、晚”概念的理解上，学前儿童容易找到明显的时间参照物和具体事件，而“星期、月、年”没有较明显的时间参照物，也形成不了自然现象规律性变化的周期，学前儿童也缺乏对这些时间概念变化顺序的认知，由此就会给学前儿童带来对此类较长周期时间顺序理解的困难。

4. 学习表达时间的词语存在一定困难

我国曾经有调查研究发现，学前儿童在掌握时间概念上的困难之一表现在：学前儿童言语中表示时间的词语出现得既晚又少。学前儿童使用时间的词语，首先不是使用表示不确定时间的词语，而多是使用表示时间顺序的和表示不确定时间阶段的词语。如“先”“然后”“后来”（时间顺序），“有一天”“有时候”“老早”“我小时候”（不确定时间阶段）等；使用时间单位词语时，也不能确切地理解它们的含义。一个 4 岁的学前儿童往往会用“昨天”泛指过去，用“明天”泛指将来，会说“我明天就要上小学了”“我昨天坐过火车”等。由此可见，在使用表达时间的词语方面，学前儿童往往表现出含糊、不精确的特点，即使使用了单位时间的词语，也未必真正理解它们的含义。

四、学前儿童时间概念发展的年龄特点

根据国内外的研究及教育实践证明，在正常的教育条件下，学前儿童时间概念的发展表现出如下年龄特点：

3～4 岁的学前儿童能掌握一些最初步的时间概念，能认识一天中的主要组成部分，如早晨、晚上，白天、黑夜。但这些时间概念的获得必须和他们熟悉的生活和事件联系在一起。例如，他们能够懂得白天是天亮的时候，白天小朋友在幼儿园上课、玩游戏，爸爸妈妈在工作，工人叔叔在劳动；黑夜是天黑的时候，是小朋友看完电视睡觉的时候等。另外，小班儿童在他们的日常生活中有时会出现“今天”“昨天”“明天”等时间词语，但他们不理解它们的含义。常听到小班儿童说，今天就是明天，明天就是后天等。这种将“今天”“明天”“后天”混为一谈的情况，说明这个阶段的学前儿童还不能理解一些时间单位的真正含义。

4～5 岁的学前儿童已能较好地理解和运用“早晨”“晚上”“白天”“黑夜”等词语，并且知道早晨、白天、晚上、黑夜是一天的四个部分，每天都有这四个部分。在这个基础上，他们还能较正确地确定间隔不长的时间单位。例如，能正确区别“今天”“昨天”“明天”，知道昨天是刚刚过去的一天，明天还没到，今天过去了就到明天。

在中班的基础上，5～6 岁的学前儿童开始理解较长间隔的时间单位。例如，能认识一星期有 7 天以及每天的名称。同时，能初步建立起时间更替(周期性)的观念。可以知道一个星期，且一个星期是连续不断周而复始的。另外，他们还发展着对时间分化的精确性，能区分较小的时间单位。例如，学习认识时钟，能学会看整点和半点等。

小故事

小佳今年 4 岁了。她经常和奶奶跳广场舞。当别人问她：“学舞蹈几年了？”她看看自己的手指，想了想，然后说：“5 年。”别人又问她：“那你几岁了？”她回答说：“今年我 4 岁了。”

任务二　学前儿童时间概念的教育

对于时间，学前儿童更容易理解白天、黑天和四季。但是对于具体时间的讲授，教师需要在组织教学时精心设计。

一、学前儿童时间概念的教育内容及要求

学前儿童时间概念的教育内容及要求如表 9－1 所示。

表 9－1 学前儿童时间概念的教育内容及要求

对象	教育内容及要求
小班	初步理解早晨、白天、晚上和黑夜的含义，并能正确运用这些时间词语。
中班	(1) 能理解昨天、今天和明天的含义及其交替关系； (2) 了解快、慢、快些、慢些等时间词语的含义； (3) 学会正确运用以上时间词语。
大班	(1) 认识钟表及其用途，知道时针和分针的名称、用途和运转规律，学会看整点和半点； (2) 学会看日历，知道一星期有 7 天，7 天的名称及顺序，确定当天是星期几，昨天是星期几，明天是星期几。

二、学前儿童时间概念的教育方法

教学前儿童认识时间，主要通过日常生活、游戏等活动进行，必要时可采用课堂教学的形式。

不论对哪个年龄班的学前儿童，不论采用什么活动形式，在让学前儿童理解表示时间阶段(单位)的时间词语时，均应将它们与学前儿童日常生活中的活动、具体事件以及他们的生活经验联系起来，使学前儿童对时间的认识，建立在生动的直观形象的基础上。

(一) 在日常生活中进行认识时间的教育

1. 通过日常谈话帮助学前儿童认识时间

在幼儿园的一日生活中，有许多时候可与学前儿童进行认识时间的谈话。如晨间、午饭前或散步以及等待进行某种活动的间隙等，均可与集体、部分或个别学前儿童进行谈话。

如和小班儿童进行认识一天的组成部分(早晨、白天、晚上、夜里)的谈话，教师应将一天的各个部分与学前儿童的具体活动结合起来，通过提问，使学前儿童对一天的组成部分有生动的具体形象。例如，“天亮了小朋友起床是什么时候?”“什么时候小朋友在幼儿园上课、做游戏?”“什么时候小朋友和爸爸妈妈回家? ……什么时候大家都睡觉了?”还可让学前儿童讲述在早晨、白天、晚上、黑夜的时候，自己都做了什么事情，爸爸、妈妈、爷爷、奶奶做了什么。

教学前儿童认识一天的组成部分，可有重点地分别进行。例如，先认识早晨和晚上，再认识白天和黑夜。在此基础上，教师应引导学前儿童将早上、白天、晚上、黑夜联系起来，帮助学前儿童认识到一天的四个组成部分是连续的、不可分割的，正确地理解

“一天”的时间概念。

在日常生活中教学前儿童认识时间，还可以结合学前儿童看图书进行。通过图书上一幅幅表示不同时间活动的图画，让学前儿童辨别画上所说的事是在什么时间发生的；也可以让学前儿童收集带有一天各段时间内容的画片，进行观察，确定时刻，并按时间排序，制成《我们的一天》画册，再看画说话。

教中班学前儿童理解昼夜的交替，认识昨天、今天和明天，也应结合学前儿童的生活经验，特别是他们感兴趣的、对他们有吸引力的、印象较深的事情（已经做的、正在做的、没有做的），提出问题，进行交谈。例如，“昨天我们都上了什么课（玩了什么游戏）？”“昨天我们都干了一些什么事情？”“老师哪天给你们玩电动玩具了？”“什么时候上音乐课？”“我们哪天要表演节目？”最后，结合昼夜交替的知识，帮助学前儿童进一步理解昨天、今天和明天的时间概念。例如，让学前儿童知道，昨天就是指今天以前的那一天，明天就是指今天以后的那一天。昨天、今天和明天都是由早晨、白天、晚上和夜里四个部分组成的。

2. 通过日常活动强化学前儿童对时间的认识

例如，在中、大班，可以结合值日和做天气记录的活动，提醒学前儿童哪天（今天或明天）谁做值日或记录，今天是星期几，并让学前儿童相互了解每个人是哪一天做值日（昨天、今天或明天、星期几），以此强化学前儿童对昨天、今天和明天及星期几的认识，理解天与天的交替和流动。

又如，节日活动和庆祝小朋友生日的活动，也是进行时间教育的好机会。学前儿童为等待这些时日的到来，兴致勃勃地做着各种准备工作，计算着距即将到来的节日还有多少天，用明天、今天和昨天等时间词语，表示即将到来、现在和过去的节日的时间。

（二）在游戏活动中进行认识时间的教育

游戏活动也是学前儿童认识时间的主要途径之一。在游戏活动中，学前儿童通过游戏活动的内容、活动的形式、扮演的角色等不断地感知时间，理解时间。例如，通过玩“娃娃家”的游戏，巩固着学前儿童对早晨、白天、晚上和黑夜的认识（早晨娃娃起床、穿衣、洗脸、吃饭，白天带娃娃玩，晚上让娃娃看电视，领娃娃看月亮、看星星，夜里哄娃娃睡觉）。在体育活动游戏中，通过具体项目的比赛、评比，使学前儿童感知时间的“快”和“慢”。还可以让学前儿童安静地休息一会儿（闭上眼睛或伏在桌上），体验1分钟、2分钟、5分钟时间的长短。这种带有游戏性质的实践活动，可以发展学前儿童的“时间感”。另外还可做一些口头认识时间的游戏，像“说全一句话”（教师说“我在什么时候上幼儿园”，学前儿童要说出“我在早上的时候上幼儿园”），“说出相反的时间词语”（如“早上”—“晚上”“白天”—“黑夜”“快”—“慢”等），均可巩固学前儿童对时间的认识。

（三）通过数学课进行认识时间的教育

认识时间的教育，必要时也要用数学课的形式进行。

（1）当学前儿童通过日常生活、游戏活动等，对某个时间概念有了初步认识，积累了一定的感性经验之后，可通过数学课帮助学前儿童整理和巩固对时间的认识。例如，在小班可用表示一天各组成部分的图片，观察和讨论图片中的内容及情节，帮助学前儿童巩固对一天各组成部分及其连续性的认识。

（2）一些需通过专门教学活动才能使全体学前儿童有比较清楚认识的时间概念，可用数学课的形式进行传授。例如，大班开设“认识时钟”的数学课。首先要用钟或钟的模型结合学前儿童的生活实际和学前儿童讨论“时钟有什么用处”，使学前儿童知道时钟是告诉人们时间的工具，大人上班、劳动，小朋友上幼儿园和从事各种活动以及飞机、火车、公共汽车等的运行都要靠时钟来告诉人们时间，小朋友学会看时钟，就知道自己什么时候该做什么事情。然后，让学前儿童认识钟面结构，在此基础上，先认识整点，再认识半点。为此，教师可依靠学前儿童对时钟已有的知识和经验，用讨论、讲解演示以及学前儿童操作等方法进行教学。以认识整点为例，大致的教学步骤如下：

① 讨论和讲解钟面上的12个时数，它们的排列顺序和方向（自右向左），时针（短针）和分针（长针）以及它们的功用。

② 讨论和讲解演示时针和分针的运转规律，教学前儿童学会看整点和半点。认识整点，先将时针和分针都指向12，说明这是12点整，因为时针和分针都指向12的位置。然后边讲边演示将分针拨动一圈，经过1、2、3……又走回到12的位置，再将时针从12拨到1，告诉学前儿童分针走一圈，时针走1个数字，就是过了1小时，现在的钟面上是1点钟。认识2点钟、3点钟时，可请学前儿童说出长、短针的指向位置，之后，教师拨动指针，或请学前儿童拨动指针，继续认识整点。

③ 学前儿童操作练习。发给每个学前儿童一只小的钟面模型，让学前儿童按教师或小朋友说出的时间，在自己的钟面模型上将时针和分针拨到正确的位置。还可以让学前儿童自由拨动指针，然后告诉大家他的钟现在是几点，为什么？不论是教师教还是学前儿童自己操作练习，每练习一次，教师都应不断地提出“为什么说现在钟面上是X点钟了？”“现在分针指着几？时针指着几？”“从1点到2点，分针是怎么走的？时针是怎么走的？”等问题请学前儿童回答，以便使学前儿童对整点有确切的理解。

用同样的方法认识半点。

教学前儿童认识时间，还应渗透到其他各科教学中。如在语言活动的看图讲述、朗诵诗、讲故事中，可以丰富学前儿童的时间词汇量，加深学前儿童对时间概念的理解。常识课通过让学前儿童认识四季及其交替变化，可以使学前儿童直观地感受到时间的流动性和连续性等。

学一学·练一练

时针、分针和秒针是三兄弟。有一天，他们偷偷跑出去玩了。请把他们找回来，并将他们放在合适的位置上：12点、3点、6点、9点。

图9－1 认识时钟的练习图

课后练习

1. 表示时间概念的词语有哪些？
2. 简述学前儿童时间概念的发展特点。
3. 举例说明学前儿童时间概念的教育方法。
4. 设计一个教学前儿童认识整点和半点的教育活动。

项目十

学前儿童数学教育活动的设计与评价

项目分析→

学前儿童数学教育活动设计是将数学教育目标和内容转化为教育行为和学前儿童发展的关键环节。学前儿童数学教育活动根据不同的活动环境所进行的活动设计也不相同。教育评价是依据一定的教育价值观，用科学的方法，对教育现象、教育事件进行价值判断的过程，它在整个教育系统中起着监测和调节的作用。学前儿童数学教育活动设计得是否合理，也需要通过活动实施后的教育评价来进行衡量。

学习目标→

1. 了解数学集体教育活动的设计原则。
2. 理解数学集体教育活动设计的基本要素。
3. 掌握不同类型数学教育活动的设计方法。
4. 领会学前儿童数学教育评价的概念及目的。
5. 知道学前儿童数学教育评价的内容。
6. 能在实践中运用学前儿童数学教育评价的方法。

案例导入

教师为了了解幼儿序列观念的发展水平，计划采用“厚薄排序”的办法对幼儿进行一次现场测评。教师提供6本厚薄不一样的书引导幼儿排序，并一一观察其结果。检测显示，大多数幼儿比较熟练地正确完成了自己的排序任务。教师反思可能是因为在操作前已经把最薄的一本书放在最前面，给幼儿起到了一定的暗示作用。于是教师对评价的方式进行了适当的调整，教师说：“刚才你们是按照从薄到厚的顺序进行排列的，现在能不能快速地把它们从厚到薄的顺序排列起来呢?”。结果发现，幼儿在这一次排序中的表现和前面情况有很大不同。有的幼儿在完成反向操作时，并没有在原有序列的基础上，将最厚的一本书依次调整到最前面，而是将其全部打乱，用原有的知识经验重新排序。而有的幼儿就能够认识到新的序列和原来的序列之间存在着可逆关系，在排序时只要将原来顺序完全颠倒，很快完成了任务。

分析：从此案例中可以发现，影响数学教育活动的评价因素很多。不仅与评价方式有关，而且与评价内容的选择也有关。那么数学教育活动应该从哪些方面进行评价？采用什么方式评价？这些问题都值得我们去不断思考和深入研究。

任务一　学前儿童数学教育活动的设计

学前儿童数学教育活动的设计是指依据一定的数学教育目标，选择恰当的教学内容和形式，对学前儿童施加教育影响的方案。它是教师为促进学前儿童数概念的发展而开展的一项创造性工作，它是针对教育活动的目标、内容和步骤有预期、有目的、有计划地组织学前儿童参加数学学习的活动。教师对学前儿童数学教育的目标、学前儿童学习数学的规律和特点、师幼互动的方式等因素的分析与把握是决定教育活动设计成功与否的关键因素。

一、数学集体教育活动的设计

数学集体教育活动，是指教师有目的、有计划地组织全体学前儿童，通过他们自身的参与和操作，掌握初步的数概念，并发展其思维的一种专项活动。它有别于学前儿童自发、自主、自由进行的数学活动，其特点是事先经过缜密的筹划，而不是偶发和随机的；内容是专门指向数学的，而不是综合的；一般为集体活动方式和小组操作活动方式相结合。它不仅能使全体学前儿童接受一定的数学教育，而且是学前儿童数学教育顺序性和系统性的保证。它是向学前儿童进行数学教育的主要活动形式。在数学集体教育活动中，教师是活动的直接指导者，但学前儿童仍然是活动的主体。

（一）数学集体教育活动的设计原则

1. 发展性原则

教师在设计活动时应着眼于促进学前儿童的全面发展。一方面，教师应根据学前儿童的发展水平和接受能力来考虑教育的内容和要求；另一方面，教师在活动目标的设定、内容和材料的选择以及方法与组织形式的运用等方面应以促进学前儿童的发展为准则。

2. 主体性原则

一方面，教师要让学前儿童成为数学教育活动的主体，为他们创设丰富的环境，引导其自主地进行数概念的建构；另一方面，教师应当适时、适地、适宜地发挥自己的主体性，在有效的师幼互动中促进学前儿童建构数学概念，推进他们的数学学习和数学思维能力的发展。

3. 科学性原则

其包括内容的科学性和方法的科学性。内容的科学性是指教师给出的概念或做出的归纳必须是正确的、符合逻辑和客观实际的，否则会因忽视数概念本身的精确性而误导学前儿童。方法的科学性是指教师必须根据内容和学前儿童的年龄特点选择适当的教育方法，避免片面追求形式上的多样性。

4. 整合性原则

教师应将数学课程与学前儿童的生活、经验相整合，将正式的数学教育活动与非正式的数学教育活动相整合，将专门的数学教育途径与渗透性的数学教育途径相整合，实现优质、有效的数学启蒙教育。

5. 系统性原则

一方面，教师应遵循数学学科本身的逻辑系统性，在安排内容时体现循序渐进；另一方面，教师应根据学前儿童数概念发展的特点和规律，通过有层次的系列活动，让学前儿童通过多种感官去感知，逐渐获得抽象的数概念。

（二）数学集体教育活动设计的基本要求

数学集体教育活动设计的基本要求包括活动内容、活动目标、活动准备、活动过程、活动延伸等几个部分的设计。

1. 活动内容

活动内容的设计，就是从数学教育的内容中，选定适合学前儿童和教师组织开展的具体教学内容。数学教学活动的内容一般来源于幼儿园所选用的教材，也有的内容是教师根据学前儿童的兴趣、需要生成的。选择内容时要选择适合开展集体学习活动的内容，如同样是认识时间，认识钟表就适合组织集体教学活动，感知时间的交替性就适合在日常生活中让学前儿童体验、学习。另外，教师应结合本班学前儿童的实际年龄对教材内容加以调整，使其适合本班学前儿童的接受能力。活动内容确定后，要为教学活动命名，一般用以下两种方式命名。

（1）以生活化语言命名。以生活化语言命名的课题如：“给数找朋友”“图形找家”“我会分图形”，这种命名方式是教师根据教学内容或活动的情景、材料而设计的。这种课题名称生动、有趣，符合学前教育的特点。

（2）以数学术语命名。以数学术语命名的课题如：“5 的加法”“6 的组成”“比厚薄”，这种命名方式直接反映出所进行的教学内容，适合于命名某些数学教学内容。

2. 活动目标

活动目标是指教学活动所要达到的具体教育效果。活动目标是教学活动的核心，因此，它是教学活动设计中最重要的一环。制定活动目标时要遵循以下要求。

(1) 活动目标设计要全面。活动目标的内容应包含认知、情感与态度及操作技能3个方面，即应涉及学习兴趣、态度和行为习惯的学习、认知能力的学习、操作技能的学习、知识概念的学习。

例如，数学教学活动设定“认识5”的活动目标：① 正确点数5以内的数量并说出总数，认读数字5；② 能认真观察环境中的5以内数量并解决在游戏中出现的问题；③ 在游戏中体验学习数的乐趣。

上述活动目标，包括数学知识的学习和认知能力的培养，并提出了情感态度目标。需要指出的是，活动目标要全面并非指要面面俱到，而是要全面考虑，针对活动内容提出主要的、有针对性的目标。

(2) 活动目标设计要具体化、行为化，具有可操作性。例如，“学习10以内倒数”的活动目标这样制定：① 学习10以内倒数；② 发展学前儿童的思维能力。此活动目标制定得太空泛，在活动中教师不好把握，而且从中看不到学前儿童获得了什么发展。可以修改为：① 学习10以内倒数，让学前儿童知道顺数时是逐一增加，倒数时是逐一减少，体验自然数列的等差关系；② 发展学前儿童的逆向思维能力。修改后的活动目标就很明确、具体了，便于教师操作。

(3) 活动目标表述时行为主体要一致。教学活动目标表述方式有两种：一是教师作为行为主体，用教师所做的事进行表述。一般可以运用以下词语表述：“引导学前儿童……”“使学前儿童……”“激发学前儿童……”等。二是学前儿童作为行为主体，通过学前儿童的行为变化进行表述，如使用“会……”“体验……”“能……”等。在同一活动中，目标表述的方式应该是统一的。

3. 活动准备

数学教学活动的准备包括学前儿童的经验准备和物质准备两部分。

(1) 经验准备。经验准备指的是学前儿童对将要进行的数学学习活动，必须先期掌握哪些知识技能，具备哪些能力。例如，数学教学活动“图形分类”，学前儿童应具备的知识经验是认识了相关图形。在设计数学教学活动时，教师要认真分析、考虑学前儿童的情况，准确把握学前儿童的现有水平，这是进行数学教学活动设计非常重要的一步。例如，要进行“生活中的数字”的教学活动，教师必须分析学前儿童现有的有关数字的经验。必要的话，还要在教学活动开始之前丰富学前儿童的经验，为顺利开展教学做好准备。

(2) 物质准备。物质准备包括准备教学活动中教师所用的教具和学前儿童所用的学具及布置教学环境。教学环境指的是教师为开展教学而选择、布置的环境。例如，教师要考虑在室内活动还是在室外活动、桌椅怎样摆放等。学前儿童的数学学习离不开操作材料，因此，教具、学具的准备是物质准备中的重要内容。准备教具、学具的要求如下：

① 围绕活动目标准备教具、学具。准备的教具、学具要为实现活动的目标服务。教具、学具并非越多越好，要避免出现教具、学具准备的无效和低效情况。

② 教具、学具要典型、简易、方便。典型指的是要有助于学前儿童对数学概念的学习和掌握，有助于学前儿童思维能力的发展。教具、学具要能引起学前儿童的注意和兴趣，避免有过多的细节。另外，要善于利用玩具、废旧材料、自然资源作为教具、学具。例如，各种各样的雪花图片，学前儿童可以用来进行分类、排序、计数等活动。又如，教师用树叶作为学前儿童数数的材料，如图 10－1 所示。

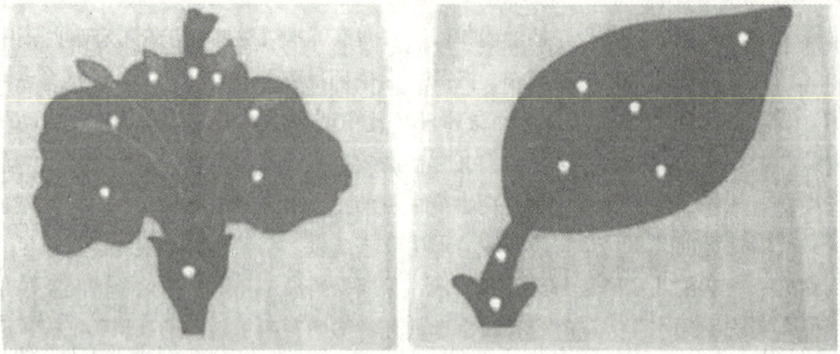

图 10－1　教具

③ 让学前儿童参与学具的准备过程。对于中、大班的学前儿童，教师可以吸引他们参与准备学具的过程。让学前儿童参与学具的准备，一方面可以减少教师的工作量，更重要的是在准备的过程中能让学前儿童获得相关的数学经验。如在中班“认识椭圆形”的教学活动中，教师让学前儿童搜集椭圆形的物品带到幼儿园来，学前儿童在搜集物品的过程中，积累了关于椭圆形的感性经验。

4. 活动过程

活动过程一般分为以下三个部分：

（1）活动开始。介绍活动内容和要求。教师可通过引导学前儿童观察材料、配合提问、介绍活动内容和要求，引起他们的兴趣。

（2）活动进行。学前儿童可分组进行不同的操作活动，也可集体进行统一的操作活动。

（3）活动结束。教师可请部分学前儿童讲述自己活动的过程和结果，并引导学前儿童进行讨论，对他们的进步给予表扬和鼓励，也可由教师提出问题引导学前儿童进行讨论。

教师在组织教学活动的过程中应注意以下几个问题：

第一，教师应通过创设问题情境，运用各种方式、方法激发学前儿童学习的兴趣，使他们主动、积极地进行学习。例如，教师将需要学习的内容，通过游戏的形式引导学前儿童学习，如小班学前儿童“送图形回家”——认识圆形、正方形、三角形；“喂小动物吃东西”——学习按数量送物。有时教师则通过直接提出问题的方式，激发学前儿童的好奇心和探索愿望，例如，教师在贴绒板上出示 7 顶不同大小、颜色、式样、适用于不同季节的帽子，并提出问题："这些帽子都是一样的吗？它们什么地方不一样？"此时，教师的问题激发了学前儿童的好奇心，使他们积极地去观察、探寻这些帽子究竟有哪些不同点。

第二，在学前儿童活动的过程中，教师要给他们足够的时间和空间，让其充分地尝试和探索，寻求解决问题的办法，并感受和发现其中的数学关系。在学前儿童活动的过程中，教师要很好地进行观察，了解学前儿童活动的过程和活动特点，必要时应给学前儿童鼓励和指导。例如，学前儿童学习将用小棍拼搭的正方形变成三角形，教师会发现这样两种情况：有一些学前儿童是从拼成的正方形中拿去1根，将两边的小棍相接就成了一个三角形；而另一些学前儿童则是将正方形拆散，重新拼搭成三角形。这两种情况反映出学前儿童思维发展的不同水平，同时也反映出学前儿童对两种图形特征的认识和把握。采用后一种方法解决问题的学前儿童，他们尚不能抓住两种图形之间的异同，不清楚只要对正方形做一点变动，就可将其变成三角形，而是将正方形拆散，再重新拼搭。这是因为新拼搭一个图形，要比将一图形变换成另一图形容易得多，因在重新拼搭的过程中思考的因素要单纯一些。这种情况在小班的学前儿童中是比较多见的，因此，教师要让他们充分地进行尝试和探索，让他们自己找到一种更快、更好的解决方法。

第三，对于学前儿童在活动中获得的经验，教师应帮助他们归纳、整理，并可通过提问，组织他们讨论，使学前儿童获得的零散、点滴的经验得到及时的整理，使其系统化。在这个过程中，学前儿童可以感受和体验到其中蕴含的一些数学关系，在此基础上，可使他们形成一些初级的数概念。同时，从另一角度看，对经验的整理过程，也就是学前儿童将此时获得的信息同化或顺应到其已有的认知结构中的过程。例如，学前儿童学习5的组成时，将5粒纽扣分成两份，每分一次，记录一次，直至完成所有分法。在学前儿童操作后，教师请分法不同的学前儿童将他们自己是怎样分的感受讲给大家听，同时将他们的方法记录在黑板上。在此基础上，引导学前儿童观察、讨论：这几种分法有什么相同之处？有什么不同之处？哪种分法好？为什么？

5. 活动延伸

在数学教育中，前一个活动和后一个活动之间的联系是十分紧密的，教师只有注意到这一问题，才能使学前儿童已获得的数学经验在后面的活动中得到巩固，得到强化，同时前一个活动所获得的经验，也将成为进行后一个活动的基础和准备。例如，学前儿童学习了10以内的计数后，教师就可以在日常生活中，引导学前儿童去数一数今天班上有几位小朋友没有来；找一找四条腿的动物有哪些；比一比谁拍的皮球次数多。结合几何图形的学习，可引导学前儿童找一找，什么东西像圆形，什么东西像正方形，等等。此外，数学教育与其他教育活动的关系也是密切的。例如，对一些数学内容的学习，将成为学前儿童科学学习的方法和工具，如分类、测量、统计等。这样可使学前儿童获得的数学经验能在其他教育活动中得到运用，使学前儿童在同一段时间内，从不同的活动中获得的经验能融为一体，构成一个整合的经验。

二、主题活动中数学教育活动的设计

课程的整合已成为当前学前儿童教育课程改革的一个重要趋势。从学前儿童课程改革的实践中看，采取主题形式整合教育内容是课程整合教学的形式之一。

（一）什么是主题活动

主题活动是指在一段时间内围绕一个中心内容（即主题）来组织教育、教学的活动。主题一般来源于学前儿童的生活，如围绕学前儿童自身的生活事件、故事或提炼一些现象、过程等形成主题而设计的教育、教学活动。由于主题来源于学前儿童的生活，因而反映的是一个整体的、具体的世界，一个鲜活的现实世界。在每一个主题中不仅包含着多个领域的内容，而且能让学前儿童对事物获得一个较为全面、较为生活化的印象。数学是研究现实世界的空间形式和数量关系的科学，因此主题活动所表现的整体、具体的世界中，必然包含着数学方面的内容。学前儿童在获得对事物的较为整体、全面、生活化的认识过程中，同时也会感受到事物的数量、形状、空间方位等特征，体验到事物之间的数量关系、空间关系。

（二）主题活动中数学教育活动的设计要求

主题的来源之一是以领域为分界线的，即主题是以一定的领域为基础来设计的。例如“鱼”“水果”“广告”“天气”等，这些主题明显与某一特定领域有关，是以某一领域的内容为主的。但在主题的设计与实施过程中，又不限于某一领域，往往会将多个领域的内容整合其中。

(1) 全面分析、搜集主题活动中有关数学学科的学习内容。主题活动在教学内容的选择上更多地偏向于社会、语言、艺术等领域，在数学领域中，教师往往感到困惑，用教师们的话来说：“数学的教育内容被主题整合得不见了。”他们感觉在主题活动中穿插数学的学科知识好像很生硬。其实不然，任何一个主题中都包含着数学教育内容，但这些教育内容如何与主题活动进行整合，还需要教师全面、细致地对主题所包含的数学内容进行分析、思考、归类，以确定活动设计的内容、方式及手段，做到心中有数。

例如，主题为“汽车”的活动内容有以下几个方面：

学习各种图形及图形组合；学习分类；学习物体的基数和序数；感知物体的数量、形状及物体量的差异（如大小、长短、高矮等）；学习加减运算；等等。

又如，主题为“蔬菜”的活动内容有以下几个方面：

学习分类；感知物体的数量、形状及物体量的差异（如长短、粗细等）；感知时间、空间（不同的季节有不同的蔬菜）；学习加减运算；等等。

再如，“超市购物”主题活动，这一主题是以数学领域的教育内容为主的，并整合了多个领域的教育内容。“超市购物”主题涵盖的数学教育内容和活动有：

物品分类（参观超市，开展游戏活动“小小超市”）；认识人民币（到银行取钱，拿取5元钱）；学习10以内加减运算（买两样东西用了多少钱，还剩多少钱）。

"超市购物"主题涵盖的其他领域的教育内容和活动有：

参观超市(社会领域)；超市里的货物真多(社会、语言领域)；我和老师(或爸爸、妈妈)买东西(社会、数学领域)；收集各种物品的包装盒(科学、社会、数学领域)；制作商品标价(数学、美术领域)；制作、装饰钱包(美术领域)；等等。

教师通过对主题中涵盖的数学教育内容的分析，可了解主题具有的数学教育价值，明确可将哪些数学学习经验整合到主题中。

(2) 教师在分析主题中涵盖哪些数学教育内容后，还应了解学前儿童的发展水平、已有的数学经验以及学前儿童的兴趣和需要，在此基础上，考虑、确定可以设计哪些教学活动。例如，感知物体的数量、形状特征，可在日常活动中引导学前儿童感受、获得这方面的经验；而比较数量的多少，感知相邻两数之间的数差关系，往往需要通过教学活动，以引导学前儿童的感受和体验。

总之教师要根据数学的具体教育内容，学前儿童的实际发展水平和学习特点来考虑、确定及整合活动中数学教育、教学活动的设计。

例如，根据"蔬菜"这一主题，就可设计以下的教学活动：

① 分类活动。这一主题中的每一部分内容都可开展分类活动，如按蔬菜种类、食用部位、生长地点等进行分类；还可将一组蔬菜按其不同特征进行多角度分类。

② 统计活动。在分类的基础上可以进行统计活动，以了解每类蔬菜有多少；学前儿童可以自己设计各种形式的表格来表达操作过程和结果；学前儿童还可以记录今天幼儿园(或家中)买了几种蔬菜，吃叶子的(或吃茎的)蔬菜有几种。

③ 比较数量的多少和物体量的差异。在蔬菜分类统计后，可引导学前儿童比一比蔬菜的数量的多少；还可以比一比蔬菜的长短、粗细，如丝瓜长，黄瓜短，豇豆长，四季豆短，冬瓜又粗又短，丝瓜又细又长等。

④ 观察、记录种植的蔬菜的生长情况。例如，记录播种的日期，第几天种子发芽了，第几天长出 1 片(或 2 片)叶子。

⑤ "蔬菜超市"游戏。学习分类摆放蔬菜；在超市买菜，学习加减运算；学习制作"蔬菜"，感知物体形状等。

又如，根据"汽车"这一主题，可以考虑设计以下的教学活动：

① 学习各种图形及图形组合。这一主题中可以开展的认识图形和图形组合的活动有：汽车的外部结构、红绿灯及马路、楼房的外形特征等。

② 分类活动。这一主题的每一部分的内容都可以开展分类活动，例如，按汽车种类、规则(各种标记)等进行分类，还可以将一组汽车按不同颜色、功能等进行多角度分类。

③ 统计活动。带领学前儿童去停车场参观，统计汽车的数量，并进行分类和加减运算。

④ "大马路"游戏。学习按红绿灯的指挥来分类摆放汽车；学习用平面图形或者立体图形制作小汽车；感知汽车的形状；等等。

以上是以“蔬菜”或“汽车”的主题为例，教师可以预设数学教育活动。教师在实际进行教育时，还可以根据具体情况开展包含更多内容、形式丰富的数学教育活动。

在主题中，较多的数学教育内容是整合、渗透在日常生活、游戏活动中的。例如，在“秋天”的主题中，其中的一个活动是学前儿童品尝、展示秋天的各种水果，结合这一活动，教师引导学前儿童讨论：大家最爱吃的水果有哪些，并鼓励学前儿童用自己的方式将讨论的结果记录下来。又如，组织学前儿童外出野营，在此之前事先讨论的问题之一是：大家需要带哪些物品，每样带多少。讨论以后，学前儿童与家长一起准备，并采用表格的形式进行记录。这样做既可检查所需要的物品是否都带了，又可以在野营回来后，检查所带的物品是否都带回来了，有没有遗失。

三、日常生活和活动区域中的数学教育活动

（一）日常生活中的数学教育活动

学前儿童日常生活是指学前儿童一天中进行的各种活动。生活活动在学前儿童一日生活中，不仅占有一定的时间，而且对学前儿童的发展也具有重要的影响。在学前儿童的生活中，蕴含着许许多多可对学前儿童产生数学影响的情景和事例，而且这些情景和事例是经常、反复发生的，因而对学前儿童的数学学习会产生潜移默化、日积月累的作用和影响。

1. 家庭生活中的数学教育活动

家庭生活环境既是生活休息的环境，同时也是学前儿童学习的环境，充分利用家庭环境的育人功能，不仅能培养学前儿童良好的生活习惯，也会对他们日后的学习产生深刻的影响。在生活中，让学前儿童能自然而然、不知不觉地学习数学，并获得有关的数学经验。日常生活中出现的一些数学现象和数学问题，大多是在自然状态下产生的。而且这些数学现象和数学问题一般都会反复、不断地出现，这就使学前儿童能经常地接触这些现象、问题，从而对这些现象和问题有所认识和体验。同时，也由于这些数学现象和数学问题大多发生在自然状态下，使学前儿童常常在不知不觉的情况下就感受到了“数学”，学习了“数学”，并使他们能按自己的意愿和兴趣，注意和探索这些数学现象和数学问题，充分发挥了学前儿童的独立性、自主性和创造性。

家庭生活中可用于数学教育的内容是很丰富的，例如扑克牌，也许大部分家庭都有，那么在家庭里如何利用扑克牌对学前儿童实施数学教育呢？扑克牌游戏作为一种传统的民间娱乐形式，它能流传至今，经久不衰，自然有其自身的价值和魅力。这其中除了因为它具有简便、易学、有趣、便于随身携带的优点外，还因为它有利于锻炼思维、益于人际交往、丰富生活。扑克牌作为一种随处可见、经济好玩的文娱用品，孩子们对它已相当熟悉。如果家长及幼儿园教师能取其之长，并根据自身的需要，创造性地设计出新的游戏玩法，使其成为孩子一日生活中的最佳游戏，让孩子真正自主和无意地实现计算、学习及观察、思维、语言、交往能力的发展。

此外，像日历、时钟、水表、电表、天然气表等每天都能见到的材料，也是学前儿童学习数学的好“教具”。

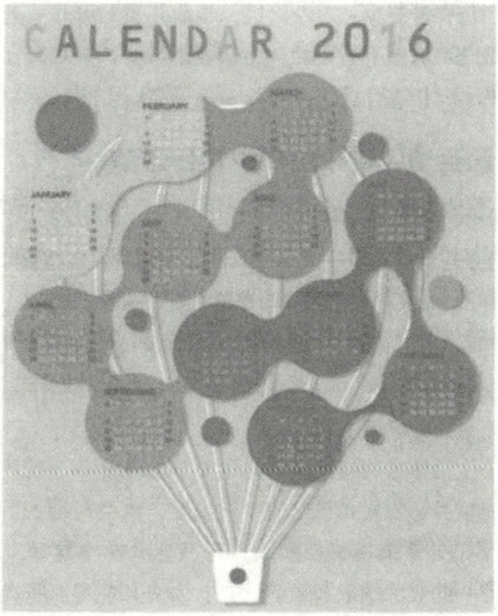

图 10-2　2016 年日历

日历：利用家中的台历、挂历等，可帮助学前儿童认识和了解日期、月份、年份、阴历和阳历，有利于学前儿童在之后的小学数学学习中真正学好日历这部分的内容。

时钟：给学前儿童买个小闹钟（钟面上最好既有指针，也有数字），其目的可不只是叫学前儿童起床，而是要充分利用这一工具，使学前儿童认识钟面上的时针、分针、秒针，观察其走的快慢和规律，感知每天 24 小时时间的长短，培养学前儿童对时间长短的把握能力，进而才能使学前儿童养成做事争分夺秒的好习惯，也有利于学前儿童在今后的小学数学学习中学好“年、月、日、时、分、秒，钟面上的追及，探究时针、分针的重合点”等问题。

图 10-3　时钟模型

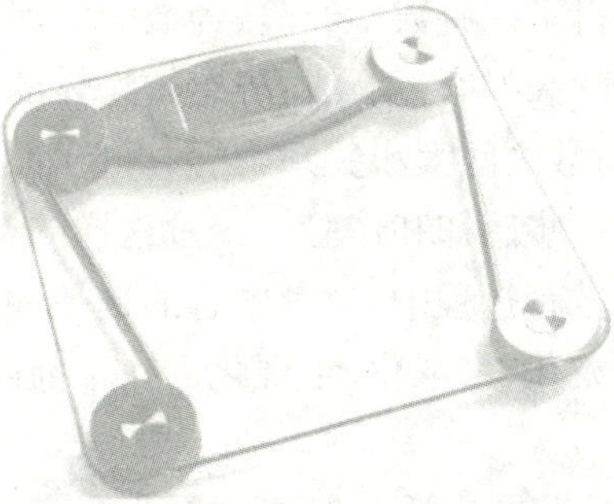
图 10-4　电子秤

水表、电表和天然气表：教会学前儿童读这三表，每月让学前儿童将计数写下来，再算出每月需要缴多少水、电、气费，既可培养学前儿童读表的能力和计算的能力，又可培养学前儿童节约用水、用电和用气的良好习惯。

杆秤、电子秤和弹簧秤：这些物件也许并不是每个家庭都会有的，不过，也许每个家庭真的需要配备这些物件。家长本身是很关心孩子的生长发育的，因此会随时称称孩子体重，量量孩子身高，这个过程也间接地在对学前儿童进行测量、称重等训练，同时还可让学前儿童自己将每次测量的数据记录下来，看看学前儿童每月成长的数据有什么变化，从而引导学前儿童注意饮食、多吃蔬菜等。成人也应该称称体重，看看是否需要减肥，也让学前儿童将家长的体重测量数据记录下来，然后让学前儿童监督家长不要吃太多油腻的食物。在这个过程中，学前儿童习得的知识是多方面的，而且这些知识在生活中也是很重要的。

有条件的家庭，还可为学前儿童设一个“专属区”，将游戏和生活中的数学放进去，让学前儿童在自己的小天地里尽情地探索和玩耍。

2. 幼儿园生活中的数学教育活动

家庭环境并不能全面满足学前儿童智力发展的需要，幼儿园环境作为一个系统的学前儿童教育中心，在学前儿童数学教育中起主导作用。

(1) 合理地安排学前儿童的学习。这是与家庭教育明显不同的地方。家庭教育中有时会出现家长强行让学前儿童去思考超出其年龄范围的问题，容易出现教育失误并导致一些错误，严重的可能影响学前儿童日后的学习。幼儿园教育是理性的、科学的，通常会按照学前儿童的生理和心理发展规律组织教学活动。

(2) 系统地安排学前儿童的学习。学前儿童数学教育虽具有启蒙性质，但也应注意数学知识的系统性和逻辑性。家庭教育是离散型、不成系统的。离开了幼儿园环境，也许到了学前儿童该读小学的时候，其所应具备的数学思维方式并没有建立起来。幼儿园教育的系统性和科学性，能保证学前儿童在人生初期达到其应有的数学水平并且比较全面。在幼儿园教育活动内容的选择和安排上，通常应遵循数学知识的逻辑顺序和学前儿童学习能力的逻辑顺序，体现先易后难、循序渐进、前后联系的特点。例如学前儿童学习数的知识，必须具备一些基本的逻辑观念。学前儿童通过对应、排序、分类等活动获得了一些数学经验，为数的学习做好心理准备。在此基础上，学前儿童学习数的内容，开始时学习重点在于感知物体的数量，理解数的实际意义，进而可以认识数的顺序、数与数之间大小关系，在大班，学前儿童学习数的组成和加减，对整体与部分的关系有了进一步感知和体验。经过这样的学习过程，形成初步的数概念。当然，在学前儿童的数学教育过程中，教育内容的选择和安排要注意数学知识的系统性，但绝不应将这一教育成人化、书本化、正规化。在学前阶段，学前儿童学习的数学知识仍是感性的、经验性的。

(3) 幼儿园生活可促进学前儿童交往的社会化。学前儿童稳定的、前后一贯的一天生活活动的顺序，可使他们体验各种活动时间的长短、时间的间隔，如起床的时间、去幼儿园的时间、做早操的时间、上课的时间和游戏的时间等。每天早上教师和学前儿童一起数一数今天班上来了多少位小朋友，还有几位没有来，今天是星期几，哪几位小朋友做值日生等。有的中、大班学前儿童还学习记天气日记，日记中记载着每天的日期、星期几和气温等内容。

教师带领学前儿童外出散步时，学前儿童可观察到各种物体的形状，如有的房顶像三角形，房子的门和窗像长方形，树干粗、树枝细，马路宽、小巷窄等。秋天，学前儿童可用拾来的落叶进行分类、排序活动，还可用落叶拼搭物体和图形。

在整理、收放玩具、图书、衣物时，培养学前儿童学习将各种物品进行归类的技能。

在日常生活中，还经常会出现一些偶发性事件，对这些事件教师也都可以加以引导，让学前儿童观察、认识和讨论，帮助他们积累数学经验。例如，某小朋友过生日，他带来一盒蛋糕，这时教师就可启发学前儿童讨论：怎样分使每人都分得一块蛋糕，而且使每人分得的蛋糕大小一样。又如，星期一早上，小朋友从家中带来了各种玩具，在学前儿童交换玩具之后，可以启发学前儿童谈谈：这些玩具怎么会动，再说说、数数电动玩具有哪些、有几个，惯性玩具有哪些、有几个。

总之，学前儿童日常生活中的数学内容是丰富多样的，对学前儿童各方面的发展影响是积极的、深远的，教师要善于利用这些数学教育资源，引导学前儿童发现、感受和学习。

重视日常生活中的数学教育，这是学前儿童数学教育中一个重要的环节，因为在教师的引导下，它可以让学前儿童在轻松、愉快、自然的气氛中学习数学，感受数学，积累丰富多样的数学经验。日常生活中的数学教育，对学前儿童各方面的发展具有极为重要的价值。

（二）区域数学活动

区域数学活动是指教师根据教育的目标和学前儿童发展的水平，有目的地创设活动环境，投放活动材料，让学前儿童按照自己的意愿和能力，以操作摆弄为主的方式进行个别化的自主学习的活动。《幼儿园工作规程》中指出："要为学前儿童的探究活动创造宽松的环境，尽量创造条件让学前儿童实际参加探究活动，使他们感受到科学探索的过程和方法，体验发现的乐趣。"对于幼儿园的各种活动来说，探索的过程要比探索的结果更重要。而区域数学活动正好为学前儿童提供探索的机会，让学前儿童在动手操作的过程中对数学知识加以认知。它具有多样性、趣味性、自由性等特点，能够促进学前儿童的全面发展。

在区域数学活动中，由于受年龄特点的制约，各年龄班在创设活动区环境时，要注意符合学前儿童的年龄特点。

1. 静态环境

这是仅用于"看"的环境：如数学墙、数学园地、数学故事会等。要求让每一面墙、每一棵树，甚至每一个小的物件都会"说话"，在这些会"说话"的物件上，除了有学前儿童喜欢的漫画、卡通、诗歌、手工作品等墙饰、壁画外，还应适时地在这些墙饰、壁画里加入一些数学的元素，以营造一种数学文化的氛围。但因其内容是固定不变的，提供给学前儿童的只是一种静态的数学形式，这种静态环境需要随时更换新的元素。

2. 动态环境

动态环境指用于学前儿童操作的数学环境，可设置积木区、游戏区、益智玩具区。可选择教室一角，也可安排在宽敞的走廊里，或设置固定的教室，还可安排在室外合适的地方。动态环境中的区域活动是让学前儿童通过自己的动手和想象，自动建构自己的数学系统或者自主地完成教师事先给定的任务，这些任务不只是让学前儿童"看"，重要的是要让学前儿童在这种环境中行动起来，积极参与自己能参与和愿意参与的活动。

动态环境在创设和使用的过程中一般需注意以下几点：

（1）环境创设需要坚持以学前儿童为主体。由于小班儿童感知事物的经验较少、动手能力较弱，不能单独活动，因此区角物品不宜放置得太繁杂，应以学前儿童喜闻乐见的形式为主，比如在“娃娃家”中可以让学前儿童通过数一数家庭成员的个数进行数方面的感知；在“动物角”中让学前儿童通过比较动物体形的大小、高矮等来获得量方面的感性经验。而中班学前儿童已有了感知事物的初步经验，基本上能独立进行区角活动了，可适当增设区角内容。大班学前儿童的语言表达、动手操作和逻辑思维能力都有了较大的提高，这时活动区角要大量增加活动内容，更要适当地增加难度。在创设区角环境的过程中，可以让学前儿童出主意、想办法，搜集材料和布置环境等，增强学前儿童的主人翁意识，发挥学前儿童的主体作用，使区角更具吸引力。

（2）环境创设要与教学目标和内容同步。活动区角的创设应紧密结合教育内容和目标。要与教育活动同步，把创设区角的过程变成教育教学的过程。例如，在中班“认识1～10序数”的活动中，可创设一个“小小火车站”，让学前儿童通过买票，按照车票上的数字寻找车厢座位来认识序数。又如，在大班学前儿童数学领域活动中将数字与事物的对应活动设计成游戏，如“一一对应”“数字拼板”“找朋友”等，教师的指导以游戏的方式进行，使简单枯燥的数学内容变得有趣，并使学前儿童在游戏中掌握知识。

图 10－5　数字拼板

（3）环境创设应该生活化。我国教育家陶行知先生说过“生活即教育”，英国教育学家斯宾塞(H. Spencer)也说过“教育是为了完美的生活”。由此可见，教育的目的本是使人生活得更美好，教育应以帮助人们适应现实及将来的社会生活为主要目的，学前儿童数学教育也不例外。学前儿童的发展是通过他们不断与周围环境相互作用来实现的，认识冲突是学前儿童自我建构数学概念的一个重要因素，而把学前儿童放置在生活情景中，学前儿童的认知可能会产生更大的冲突，学前儿童头脑中的数概念不应该来自书本与教师的讲解，而应该来自他们对生活现实进行的逻辑推理思考。这种方式是数学学习生活化、情景化的一种最好的表现，所有的问题都是来自生活的，学前儿童正是在生活中遇到了很多需要他们去探讨、比较、判断的问题，因此，把教育内容与教育过程融入生活情景中，让学前儿童在与其自身相接近的生活情景中学习，能获得更好的学习效果。例如，大班学前儿童学习排序，利用他们在洗手时常出现的推拉、拥挤等混乱现象，请学前儿童为教师想办法，怎样解决洗手不拥挤的问题。学前儿童很快就进入角色，踊跃发表意见，有说一组一组去的，有说让女孩先洗的，有说要互相谦让的。其中有几名学前儿童说出了排好队，一个接一个去洗手的办法，教师就特别表扬了说出排队办法的学前儿童。紧接着教师又提出生活中什么场合要排队，家里的东西哪些可以排队等与数有关的问题，同时请学前儿童回家找可以排队的物品，看谁找得多，并且请他们把可以带的物品带到幼儿园来，与其他小朋友一起玩排队的游戏。不能带的物品也可以画出来讲述给小朋友听。这样从现实问题中引出学习情境，调动学前儿童的注意力和好奇心，激发学前儿童积极探索和学习的愿望。通过这种学习方式，帮助学前儿童成为数学问题的解决者，学会用数学推理来分析问题，使其对自己的数学能力充满自信。

情景创设是强调在学前儿童的数学经验和数学教育目标的基础上创设各种问题情境，为学前儿童提供丰富而有意义的数学问题，激发学前儿童的好奇心与主动活动的热情，并愿意参与到学习活动中来，通过与其他人的合作、交流、分享与自我建构来发展学前儿童头脑中的数概念。而教师的角色应该是学前儿童学习过程中的观察者、聆听者与记录者，不干涉学前儿童自己的创造活动，让学前儿童在分析与解决问题的过程中发现与建构抽象的数学概念，经历“建构—尝试—再建构”的动态过程，逐步形成清晰的数学概念，这也更能让学前儿童体会到生活中处处有数学，处处需要数学。

(4) 为学前儿童创设讨论、交流与合作的环境。语言是思维的工具之一，对于学前儿童来说，活动中语言的伴随对思维的发展尤其重要，它还是作为检测学前儿童活动中主动性发挥的重要因素，因此教师在创设数学环境时还应重视为学前儿童提供互相交往的机会。比如说，在进行完一项活动之后，要留给他们一定的时间自由交流，说说自己在活动中的感受及学到的知识，这样有助于学前儿童的思考，把自己的想法和行为与他人进行比较、协调与分享，学会理解别人的观点和重新思考自己的想法，发展学前儿童之间相互协商、互为补充的能力，还能减少学前儿童对教师的依赖，增强学习的动力，使学前儿童成为主动与自信的学习者。由于在数学学习过程中，学前儿童之间常常会出现不同的意见，这时教师也不要急于告诉学前儿童对与错，而是应该让他们进行讨论与交流，得出结论。这样能帮助学前儿童更好地理解知识，分享彼此之间的经验。

(5) 与其他领域的知识相连。数学知识的抽象与难以理解导致了学前儿童在学习中一定会有困难，如果教师不重视教育方法，就容易使学前儿童对数学知识失去兴趣。幼儿园课程改革前，数学活动一般是集中介绍某方面的概念，比如等分、比较多少等，但是专门的数学教学活动给学前儿童提供的与其他知识相联系的机会太少，现在应提倡将生活中充满着数、量、形状、时间、空间的有关知识和内容，利用日常生活对学前儿童进行数学教育，可以使学前儿童在既轻松又自然的情况下获得简单的数学知识。因此要将数学知识有目的、巧妙地与其他领域的知识融合到一起。

(6) 在创设数学环境的过程中注重心理环境的创设。由于压抑、局促的活动氛围会让学前儿童产生厌学的倾向，而轻松、自由的氛围能让学前儿童对学习产生更大的兴趣,学习效果更好,因此教师创设环境时一定要注意到学前儿童所需要的心理环境。可以让学前儿童参与到环境的创设中,让学前儿童觉得自己是这个环境的主人,激发他们学习数学的兴趣,让学前儿童在这样的环境中自由地探索与研究,要给他们一定的等待时间,不催促他们,尊重他们的活动,让学前儿童做他们愿意做的事情。让所有的学前儿童都用一种方式来学习是不民主的,学前儿童"出轨"的行为也并非是学前儿童对成人期盼的"背叛",根据多元智能理论,每个学前儿童的各方面智能的强度是不同的,因此教师应为不同的学前儿童提供不同的教学手段,促使每个学前儿童平衡发展。不随便打断学前儿童的探索活动,让他们自由、开放地表达自己的想法,有目的性地引导他们向更有利的方向发展,让学前儿童在不断地实践与学习中建构自己的知识体系。

任务二　学前儿童数学教育的评价

学前儿童数学教育活动的评价就是对学前儿童数学教育活动的设计、实施及其结果进行价值判断。

一、教育评价和学前儿童教育评价

(一) 教育评价

教育评价是 1929 年由美国教育家泰勒(R. W. Tyler)首次提出的科学概念。人们普遍认为,教育评价是系统地、有步骤地从数量上测量或从性质上描述受教育者的学习过程与结果,据此判定是否达到所期望的教育目标的手段。对于教育活动效果的价值判断是教育评价定义的关键。

教育评价具有三个方面的特点:教育评价是一种特殊的、连续性的活动过程;教育评价是有目的、有计划的活动过程;教育评价中的评价者与被评价者是统一的。

(二) 学前儿童教育评价

学前儿童教育评价以学前教育为对象,对其效用给予价值上的判断。学前儿童教育评价作为教育评价的重要组成部分,具有反映学前儿童发展水平是否达到教育目标要求、评定学前儿童教育教学水平、检查幼儿园管理水平、考察学前儿童教育改革与实验效果、为学前儿童教育决策提供反馈信息等重要作用。

学前儿童教育评价有助于保证教育目标的实现,是一种有目的、有计划的活动;学前教育评价有助于使学前教育中诸组成部分处于协调活动状态,要对各组成部分进行不断的调整控制;学前教育评价有助于教育者选择最佳的教育模式或方案。

学前儿童数学教育评价,着重对学前儿童数学教育知识的评价、数学教育技能的评价、数学教育能力的评价。其中,针对学前儿童数学教育能力的评价是重点。

二、学前儿童数学教育评价的目的和意义

（一）学前儿童数学教育评价的目的

学前儿童数学教育评价的主要目的是检查数学教育是否达到数学目标的要求，学前儿童数学知识掌握得如何、是否形成了数学技能、数学能力发展到什么程度，要揭示数学教育的价值和效果，调整和改进数学教育的教学方法，促进每一名学前儿童的发展，提高教育教学质量。通过学前儿童数学教育评价，激发学前儿童学习数学的兴趣和积极性，使学前儿童获得成功感，运用数学的能力得到发展。

（二）学前儿童数学教育评价的意义

（1）学前儿童数教育评价是教学管理的一个重要组成部分，具有导向的功能。教学的各个环节都需要评价。有了教学评价，才能使整个教学管理健全、科学、有序地进行。通过教学评价指标体系的引导，可以为教师指明教学目标。对学前儿童数学教育的评价是根据学前儿童教育目标进行的，是教学管理的重要组成部分。通过对学前儿童数学教育现状和教学目标之间的差距的判断，能有效地促进学前儿童数学教育不断地接近预定的目标。

（2）学前儿童数学教育评价是提高数学教育质量的重要手段，具有检查和改进的功能。通过学前儿童数学教育评价，教师能及时发现教学中的不足和问题，及时总结经验，对教学活动进行改进和控制，纠正出现的问题，使教学工作始终保持良好的状态，从而不断有效地提高数学教育教学质量。教育行政部门和家长也可以通过学前儿童数学教育评价，了解幼儿园的教学情况和学前儿童的学习情况。

（3）学前儿童数学教育评价是深化教学改革的重要措施。要进行数学教育改革，首先要进行改革方案的可行性评价；在改革过程中，要实施形成性评价才能保证改革的顺利进行；完成一项数学教育改革后，还要进行终结性评价。通过数学教育评价，激发教育机构和教育工作者的竞争意识，创造出一个公平竞争的环境，通过竞争促进学前儿童数学教育质量的提高。

（4）学前儿童数学教育评价是教学研究的重要内容。教学研究有广泛的领域，学前儿童数学教育评价不仅是教学研究的重要内容，也是一门新兴的学科。在实施素质教育的过程中，幼儿园领导和教师更应该加强对数学教育评价的研究。

三、学前儿童数学教育评价的内容

（一）学前儿童数学知识评价

依据符合数学知识本身的科学性、系统性要求，符合学前儿童认知发展的规律和特点，符合学前儿童入小学数学能力的衔接要求，选择学前儿童数学教育的内容。学前儿童数学教育的内容应该是使学前儿童学习简单的基础数学知识，这也是学前儿童数学知识评价的主要内容。其包括如下内容：

(1) 感知集合及元素。

(2) 认识基数、序数、相邻数、奇数和偶数等。

(3) 认识几何形体:平面几何图形、立体几何形体的特征。

(4) 认识连续量和非连续量及量的守恒的概念。

(5) 认识时间、空间及表示时间、空间概念的词语。

(6) 认识货币——人民币元、角、分的特征。

要评价学前儿童数学教育上述内容在幼儿园各年龄阶段实施的情况,学前儿童数学知识掌握的情况,从而提高数学教育质量,促进学前儿童的发展。

(二) 学前儿童数学技能评价

学前儿童要把所学的数学知识转化为技能,并能熟练地加以运用,这就需要进行数学教育技能训练。

学前儿童要掌握的数学基本技能包括以下方面:

(1) 操作技能:对应、计数、物体数量分解与组合操作技能。

(2) 建构技能:平面几何图形建构、立体几何形体建构技能。

(3) 测量技能:自然测量、工具测量等简单技能。

(4) 排序技能:数的排序和量的排序技能。

(5) 分类技能:一元分类、二元分类、多元分类技能。

(6) 读写数字符号:列加减算式技能。

对学前儿童数学技能的评价,要贯穿于数学教育的整个过程中,并进行形成性评价;教师在学前儿童每一个年龄阶段或接受教学单元数学教育技能训练后,都要通过测试等评价手段进行终结性评价,以了解学前儿童数学教育技能的掌握情况。

(三) 学前儿童数学能力评价

学前儿童数学教育评价中,数学能力评价是最重要的,因为学前儿童掌握数学知识、技能,最后要形成数学能力,即培养和形成解决数学问题的能力。学前儿童数学能力评价,着重评价的是学前儿童发展数理逻辑思维能力的水平和多元智能开发的水平。

1. 数理逻辑思维能力

(1) 比较判断能力。

(2) 分析综合能力。

(3) 抽象概括能力。

(4) 连锁思维能力。

(5) 逆向思维能力。

(6) 发散思维能力。

(7) 复合思维能力。

2. 多元智能

（1）感知观察力。感知集合及元素的敏感性。

（2）集中注意力。学习数学的专注力。

（3）理解记忆力。理解并记忆数的实际意义和数量关系的意义。

（4）创造想象力。仿编和创编数学应用题的再造想象力和创造想象力。

（5）抽象思维力。包括思维的敏捷性、灵活性、多维性、逻辑性、深刻性等。

通过学前儿童数学知识评价、数学技能评价、数学能力评价，全面了解幼儿园数学教育教学的质量及学前儿童数学学习的情况，为改进数学教育方法提供依据。

四、学前儿童数学教育评价的类型

（一）按照评价的对象和内容划分

学前儿童数学教育评价包括两个方面的内容：一是对学前儿童发展状况的评价；二是对学前儿童数学教育课程的评价。

1. 对学前儿童发展状况的评价

学前儿童发展状况评价是以学前儿童为对象的评价。在教育评价过程中，经常需要对学前儿童的发展状况进行评价。在学前儿童数学教育中，对学前儿童发展状况的评价主要是指对学前儿童数学概念及数学能力发展的评价。

2. 对学前儿童数学教育课程的评价

学前儿童数学教育课程评价，就是从整个课程的角度出发，对学前儿童数学教育的实践活动进行整体性的评价，以判断其价值和效用。包括对学前儿童数学教育的目标评价、内容评价以及实施水平评价。课程评价首先要评价其教育目标和内容是否体现正确的教育价值观、是否符合学前儿童的年龄特点。

课程评价还包括对课程有效性的评价，即评价该课程框架及其实施方法和手段在实践过程中是否取得了预期的教育效果和有效地促进了学前儿童的发展。我们从学前儿童发展状况的测查中得到相关的评价信息。

（二）按照评价的功能及运行时间划分

根据教育评价的不同功能，以及它们的运行时间，可以把学前儿童数学教育评价分为三种类型：诊断性评价、形成性评价和终结性评价。

1. 诊断性评价

诊断性评价是在开展数学教育之前，对教育对象进行的预测性评价。其目的在于充分发展教育评价的诊断功能，了解教育对象的发展基础，发现存在的问题，从而在制定教育计划和实施教育时做到有的放矢，因材施教。诊断性评价既可以在学期开始时进行，也可以在一个活动开始时进行。

2. 形成性评价

形成性评价是在教育过程中持续进行的评价。其目的在于及时了解教育活动的反馈信息及成效,以便及时调整教育策略,以优化教育过程。

在某一个数学教育活动过程中的评价主要是对学前儿童的操作过程进行评价。形成性评价经常渗透于教育活动过程中,教师的评价也多种多样。教师对学前儿童的反馈,就是发生在活动过程中的形成性评价。形成性评价还能使教师把握教育过程中的随机教育机会,并能灵活地、创造性地组织教育活动。

3. 终结性评价

终结性评价是在完成某个阶段的教育活动之后进行的评价,其目的在于了解这一阶段的教育效果,对达到教育目标的程度做出总结和鉴定。

终结性评价是一种事后的评价。幼儿园里某一阶段(如一学期)教育结束后,就需要对学前儿童的各方面发展进行终结性评价,借以了解每个学前儿童的发展情况。对于一个教育活动来说,在活动结束时也有必要进行终结性评价,以了解这次教育活动的效果。终结性评价是针对学前儿童的学习结果而进行的评价。它一般只关注结果,基本不涉及对过程的评价。

以上三种类型的评价只是在运行时间上有所不同,在具体评价方法的使用上,并没有严格的区分。

五、学前儿童数学教育评价的方法

学前儿童数学教育评价所使用的方法包括数量化方法和非数量化方法。主要有观察法、问卷法、测试法、作业分析法、临床法、个案研究法等。

(一) 观察法

观察法就是在自然状态或准自然状态下,对评价对象的行为进行现场观察,根据观察结果进行分析并做出评定的一种方法。这种方法既可以用于对学前儿童行为的观察,也可以用于对教学情境中的师幼互动行为的观察。

1. 行为检核

在观察之前,依据评价的内容确定观察的目标,并制成一份观察行为检核表,将要观察的行为列在表中,检核表中的行为必须反映想要评价的内容,而且具有一定的代表性。行为检核可以通过现场的观察和记录进行,也可以通过面对面的测试进行。

2. 事件详录

事件详录,就是详细记录某种特定行为或事件的完整过程,并做出评价。事件详录的方法,需要观察者能够敏锐地捕捉到有价值的信息,并加以及时记录。这种方法便于教师灵活地记载观察到的学前儿童的各种行为,并做出评价。

案例分析

按多个标准对图形进行分类

材料：可用于一一对应游戏活动的材料，如小积木和小动物、颜料盒和画笔、嵌擦板与构图板、小木棍与石头等。

程序：提供材料，鼓励儿童使用材料。

分析：观察儿童能否匹配物品，如将几个人造黄油盒子或几块积木排成一排，看儿童能否在每个盒子里或每块积木上放一个玩具娃娃。记录在观察表格上，并配合以轶事记录、拍照或录像。

（二）问卷法

问卷法实际上就是书面调查。由于问卷法不受空间的限制，使用问卷法可以在较短的时间内获得更多的资料。

问卷法有多种类型，如自由记述法、多项选择法、判断对错法、评定量表法、序列法等。采用问卷法时，由于学前儿童可能无法读懂题目，需要由家长帮助学前儿童填写问卷的有关内容。在完成问卷的同时，也增进了家长和孩子的交流和互动。

问卷法的问题可以围绕以下题目来设计。

1. 你对今天的问题有何看法？
2. 你觉得能否找出一种不同的方法来开展今天的问题？
3. 你最喜欢今天数学课的哪个部分？最不喜欢哪个部分？
4. 你本周学到了什么新知识？
5. 向你爸爸妈妈解释当前的课堂主题是什么？
6. 你和小组同伴今天的表现如何？哪个部分进展顺利？你们有没有需要改进的地方？

（三）测试法

在学前儿童数学教育评价中，尤其是在学前儿童数学概念和能力发展的评价中，测试法是一种重要的方法。它由统一的测试题目和测试程序构成，可以对大量的对象进行标准化的测试，能在较短的时间内获得大量的反馈信息，而且便于进行量化的统计分析。

在运用测试法时，要做好题目的设计和编制，测试的问题及指导语应该明确、简练、易懂；要准备好测试所需要的各种操作材料；要设计记录表格；拟定好评分标准。

案例分析

根据样例复制模式

材料：测试底板——3个花图片，3个叶子图片。要求幼儿将这6个图片排成与样例一样的。

程序：出示图样及6个图片，请幼儿看看这些图片是怎样排的（带着儿童按顺序指认样图）。请你排一个和图样一模一样的。

分析：将图片排成“花—叶子—花—叶子—花—叶子”一排即为通过。

（四）作业分析法

通过分析学前儿童的作业间接了解他们的学习情况，同时学前儿童的作业还是对教师教学效果的反馈，教师可以根据学前儿童作业中出现的错误加以诊断，改进教学方法。我们还可以根据学前儿童的作业情况分析作业的难度，以便合理设置作业的难度。

案例分析

某微博网友称：“可怜我儿了，连上厕所都不耽搁，自己搬个板凳就写上作业了。”

为了能让孩子提前适应小学生活，孩子的母亲特意选择了一所不错的幼儿园。为了早点儿完成作业让妈妈陪他玩，孩子自己将板凳搬进了卫生间。

对于孩子在厕所内写作业，这位母亲很纠结，既希望孩子能好好玩，但又怕孩子跟不上课程进度。

分析：作业不是以数量取胜的。教师一定要重视作业所取得的最终效果。

（五）临床访谈法

"临床访谈法"是皮亚杰独创的一种研究学前儿童思维发展情况的方法。它实质上就是和学前儿童谈话，是通过交谈来获取有关信息、收集评价资料的方法。临床访谈法能够向我们展现学前儿童思维的丰富、生动而真实的情况，因此在学前儿童数学教育评价中，也有其应用价值。

在运用临床访谈法时，应该特别研究学前儿童出现的错误，让学前儿童充分暴露自己的错误，引导学前儿童自己认识自己的错误，从而真实地看到学前儿童的发展水平。

临床访谈法对评价者的素质要求较高。要求评价者非常熟悉评价内容，评价者本人具有较高的语言水平和敏锐的洞察力，善于倾听、理解和引导对方，而不用自己的观点影响对方。

案例分析

5岁的东东是个"话唠"，他特别喜欢说话，对小朋友很热情，对教师也能畅所欲言。教师发现，当自己讲课的时候，东东总是积极响应。他特别喜欢问问题，对于教师提出的问题有时脱口而出，但是答对的情况并不多。对于教师所讲的知识，他也说不出所以然。教师平时在和东东聊天的时候，常常会考考他，问他为什么总是想也不想就回答问题。东东不好意思地说："其实你讲的我都懂，可我也不知道为什么就答错啦。"

分析：对于东东这样喜欢表现的小朋友，教师应该鼓励他多思考，培养其积极思考的习惯。

（六）个案研究法

个案研究法是选择一个或几个学前儿童作为研究对象，对他们进行追踪研究，搜集有关的资料，分析研究对象的问题、特点及形成原因，以便采取相应的有效措施。进行个案研究需要综合运用各种评价手段和方法，其中以观察为主要方法。

对学前儿童进行数学教育的个案研究，要注意搜集学前儿童的家庭背景（父母受教育情况、家庭教育情况等）、幼儿园的情况、幼儿园教师的素质情况、学前儿童数学学习及活动情况、学前儿童使用的各种材料等信息。搜集和记录的信息，要尽可能客观、准确和详尽。通过对积累的资料进行分析，发现学前儿童产生问题的原因，找到解决问题的措施和方法。

在学前儿童数学教育评价中，我们选择评价方法一要服从评价目标，二要考虑到学前儿童行为表现的特点。在搜集资料时，要采取正式和非正式相结合、开放与封闭相结合的手段，既要有封闭式、标准化的测量，也要有开放性、随机性的评价。在对测查结果进行分析、评价时，要坚持质的分析和量的分析相结合的原则，全面地理解所得信息。

案例分析

在日历系统中，每个儿童每个月安排一天与教师一对一的特殊互动。教师可使用某一任务基于个体化考虑来评估儿童的进步和发展。

课后练习

1. 举例说明数学集体活动设计的基本要素。
2. 如何在日常生活中设计学前儿童数学教育活动，试举例说明。
3. 学前儿童数学教育评价的目的和意义何在？
4. 学前儿童数学教育活动的评价内容包含哪些方面？
5. 学前儿童数学教育评价的方法有哪些？挑选两种进行分析。

项目十一

学前儿童数学教育活动设计范例

任务一　学前儿童数与量概念教育活动的设计

活动一：5以内数的组成

一、活动目标

（1）进一步学习5以内数的组成，体验、发现“数越大，组合的方法越多”，每个数的分合方法比它自身少1的规律。

（2）在活动中加深对表示数的分合符号的认识，能迁移整理已有的经验。

二、活动准备

（1）学前儿童经验：已学过2～5的组成。

（2）教具：房子图片（一间两层）、数卡“1”三张、“2”二张、“3”一张、分合符号四个。

（3）学具：记录纸、房子图片十张，学前儿童人手两套1～5的数字卡。

三、活动过程

1. 演示与讨论

（1）出示房子图片，引导学前儿童根据屋顶上的数字“2”来布置两个房间。（规则：屋顶上的数是总数，两个房间分别贴上部分数，即1和1）

（2）将房子拿掉，请学前儿童讨论并讲讲2、1、1等3个数是什么关系，用符号“∩”与“∪”，表示分与合。

2. 迁移与运用

（3）出示屋顶上的数字为“3”的房子图，引导学前儿童根据相同方法学习“3”的组成，重点体会“3”有两种分法。

在前一次操作经验的基础上，迁移整理5以内各数的组成方式。学前儿童人手一份操作分合的学具，在房子图片上贴数字，并在记录纸上用数字和分合符号表示出来。

3. 集体交流

(1) 通过学前儿童的介绍，教师有序地排放5以内各数字的组成卡片。

(2) 指导学前儿童学会把一个数分成两份，这两份合起来还是原来的数。

(3) 引导学前儿童观察列出的每一个数字分的结果并记录情况，提问："2有几种分法？3有几种分法？4有几种分法？5有几种分法？"

归纳总结：数越大，分合的方法越多，每个数的分合方法比它本身少1。

四、活动延伸

请家长收集各种种子(如花生、瓜子、黄豆)，玩5的分合游戏，在丰富其相关经验的同时，幼儿再次体验有序分合的方法。

活动二：7的认识

一、活动目标

(1) 理解"7"的实际意义，能按数取7个物品，点数并说出总数。

(2) 能用"添上"或"去掉"的方法解决问题。

(3) 在活动中，体验数学的乐趣。

二、活动准备

1. 经验准备

学前儿童学习了6以内物体的点数方法，认识数字1～6。

2. 物质准备

(1) 教具：用卡纸制作的"瓢虫"形象若干，2、4、6、7数字卡各一张，磁性黑板一个，呼啦圈三个。

(2) 学具：画有"瓢虫"(没点)的图片人手一张，不同颜色、大小的圆片(背面贴有双面胶)每组一筐，水彩笔。

三、活动过程

1. 创设"瓢虫开舞会"的游戏情境，导入课题

教师："瓢虫家族要开舞会了，小瓢虫们都来了，你们看，谁来了？"(出示瓢虫图片)先请学前儿童看二星瓢虫，提问：这是几星瓢虫？你怎么知道的？二星瓢虫身上的点用数字几表示？(依次出现四、六星瓢虫，步骤同上)

2. 引导学前儿童感知"7"的实际意义

教师出示七星瓢虫卡片。引导学前儿童点数瓢虫身上的七个点，然后让学前儿童说出总数，出示数字7让学前儿童认读。

提问："7"还可以表示什么？

3. 学前儿童操作——粘个"七星瓢虫"

(1) 请学前儿童拿七个圆片，先摆一摆，再贴一贴。

提问：七星瓢虫身上有几颗星？应该拿几个圆片？

（2）学前儿童操作，教师巡回指导。观察其是否拿了七个圆片，对拿的不是七个圆片的学前儿童进行个别指导。

（3）交流操作结果并总结。请全体学前儿童把粘好圆片的瓢虫图片贴在磁性黑板上。

提问：这是谁的？数一数，瓢虫身上是七颗星吗？

提问：小朋友为瓢虫设计的七星衣排列得一样吗？它们都是几个？教师引导学前儿童逐一点数。

请个别学前儿童把身上圆点不是七个的瓢虫挑出来，请他们想一想怎么办？

四、活动延伸

在数学区为幼儿1～7数字卡片和实物卡片，引导幼儿两人一组，一人出卡片，一人出实物卡。谁出错了就将出错的牌交给对家，最后看谁的牌多谁为赢家。

活动三：比一比

一、活动目标

（1）活动中学习运用一一对应的方法比较两组物体的多、少，或一样多。

（2）学习掌握将一组物体一一对应摆放在另一组物体下方的技能。

（3）培养学前儿童积极思维、善于动脑筋解决活动中衍生问题的能力。

二、活动准备

（1）教具：贴绒娃娃玩具八个，猫图片七张，鱼图片六张。

（2）学具：塑料盆子一个，画有八个娃娃的图片一张，纸剪的苹果七个，纸剪的帽子七顶。

三、活动过程

1. 引出课题

首先将八个娃娃玩具排成一行。

教师：今天娃娃来到我们小一班做客，有多少个娃娃呀？

2. 出示教具并提问

（1）将七张猫图片一一对应摆在娃娃玩具下边。

教师：她们养了许多猫，那娃娃和猫是不是一样多？

（2）启发学前儿童说出娃娃多一个，猫少一只。

教师：请小朋友们想一想，怎样才能使娃娃和猫变成一样多呢？（添一只猫或减少一个娃娃）娃娃要回家了，小朋友们和娃娃说再见。

（3）启发幼儿说出猫多一只，鱼少一只，并想办法使猫和鱼的数量一样多。

教师边演示边提问：我们现在请猫吃鱼。一只猫吃一条鱼（将鱼图片一一对应放在猫图片的下边），比一比猫和鱼是不是一样多？（猫多一只，鱼少一只）怎样才能使猫和鱼变成一样多呢？

3. 操作活动

（1）请小朋友把盆中画有八个娃娃的卡片拿出，给娃娃分苹果，把苹果图片一个对应一个地摆放在娃娃图片的下边，比一比，娃娃和苹果是不是一样多？

（2）启发幼儿说出娃娃多一个，苹果少一个。用什么办法使娃娃和苹果一样多呢？

（3）给娃娃戴帽子。一个娃娃戴一顶帽子，将纸剪的帽子一个对应一个地放在娃娃图片的上面，比一比，娃娃和帽子是不是一样多？（娃娃多，帽子少）怎样才能使娃娃和帽子变成一样多呢？（教师再给每个学前儿童一顶纸剪的帽子）

四、活动延伸

教师在数学区提供"钓鱼"的材料（自制鱼竿、小鱼卡片，卡片上小鱼数量为5～8条），引导幼儿玩游戏比多少。如幼儿进行钓鱼比赛，比较钓上来的小鱼数量多少。

活动四：学习1～5顺、倒数

一、活动目标

（1）知道顺数时一个比一个多1，倒数时一个比一个少1。

（2）清楚地口述每张卡片的内容，知道它们是顺数的还是倒数的，能从1顺数到5，从5倒数到1。

二、活动准备

（1）教具：图例一幅、1～5数字卡片一套。

（2）学具：每人若干个小正方体、1～5数字卡片一套、塑料小人（动物）一个。

三、活动过程

1. 操作活动之一：请学前儿童用积木搭楼梯

教师：请小朋友用小方块儿在自己的桌子上搭一个楼梯，先摆一个，再挨着它摆两个，一层比一层高。（学前儿童操作，教师巡回指导）

提问：楼梯一共有几层？（5层）

第一层有几个积木？第二层有几个积木？第三层有几个积木？第四层有几个积木？第五层有几个积木？（幼儿分别点数）它们一层比一层多1个积木。

请学前儿童把数字卡片放在每一层下。

2. 操作活动之二：请学前儿童手拿塑料小人上楼梯

教师：请小朋友拿着塑料小人上楼梯，边上要边数"1，2，3，4，5"，一直到第五层。然后，请小人下楼梯，边下边数"5，4，3，2，1"，重点请学前儿童说一说，下楼梯的时候一个比一个少1。（请学前儿童多玩几遍）

3. 观察

教师把图例贴到黑板上让学前儿童观察，进一步让学前儿童理解数差关系。

4. 口头游戏"看谁数得快"

教师说上楼梯，小朋友迅速说："1，2，3，4，5。"教师说下楼梯，小朋友迅速说："5，4，

3,2,1。”速度可逐渐加快。(可集体对答与个别对答相结合)

四、活动延伸

家长让幼儿按人数分发碗筷,体验数和量的关系。在整理鞋柜的过程中,让幼儿比较数量的多少,谁的鞋最多、谁的鞋最少等。

活动五:序数第 1～第 4

一、活动目标

学习用序数词(如第 1、第 2、第 3、第 4) 判断物体的排列位置。

二、活动准备

(1) 学前儿童已有的经验:在开展游戏之前至少能数到第四。

(2) 材料:四个小球或者沙包、四把椅子或者四种玩具。

三、活动过程

1. 轮流掷沙包,学习序数

每四人一组,以保证游戏进行速度。例如,给每名学前儿童一个小球或沙包,教师说:“一共有多少个? 让我们数一数,1、2、3、4。我能同时把所有的小球(沙包)都抓住吗? 不能。所以,大家必须轮流着玩,你是第一个,你是第二个……好的,第一位小朋友,先把你的小球(沙包)投过来,第二位,再投你的,第三位……”每个人都试过一次后,再重新开始。这次,让学前儿童自己说自己的序号。

2. 玩具排在第几

把四种玩具排成一行,告诉学前儿童:“这是第一个,这是第二个,这是第三个,这是第四个。”要求学前儿童:“请指出第一件东西,指出第二件,指出第三件,再指出第四件。”

3. 游戏“旅行”

教师将 4 把椅子一字排开,说:“我们现在在火车(汽车、飞机)上了。”请学前儿童参加,依次坐到椅子上。待他们依次坐定之后,开始幻想的“旅行”:“好,现在我们该下车了。请坐在第三个座位上的小朋友先下来,然后是第一个,第四个,第二个。”

四、活动延伸

阅读区引导幼儿观察班级图书区中的图书,共同整理图书,尝试按大小进行排序。数学区提供大、中、小的套杯等玩具,引导幼儿按从小到大或从大到小的顺序排列。

活动六:5 以内的相邻数

一、活动目标

(1) 感知 5 以内相邻数之间的数量关系,如 2 的相邻数,2 比 1 多 1,2 比 3 少 1。

(2) 在活动中能进行观察、比较、判断、推理。

二、活动准备

(1) 知识经验:认识10以内的基数、序数。

(2) 活动材料:数字卡片1~5各一张、每名学前儿童有若干个雪片(或其他小实物)、1~6数字卡片一套。

三、活动过程

1. 运用操作法教学前儿童学习5以内数的相邻数

(1) 学习2的相邻数。让学前儿童拿出两个雪片,从左到右排成横排。

提问:比2少1的数是几?(学前儿童回答)

请学前儿童在两个雪片上面摆一个雪片并对齐;比2多1的数是几?待学前儿童回答后,请学前儿童在两个雪片下面摆出一排三个雪片。

提问:2个比1个多几个?1个比2个少几个?3个比2个多几个?2个比3个少几个?

小结:三个数比较时从中间一个数开始,先和比它小的数比,再和比它大的数比,比这个数少1和多1的两个数就是这个数的好朋友。

数字比较:让学前儿童在三排雪片的右边摆出相应的数字卡片1、2、3,用数字进行比较(说出2比1多1,2比3少1,2的好朋友是1和3)。

(2) 学习3的相邻数(方法同上)。

(3) 学习4和5的相邻数(方法同上)。

在学前儿童掌握了2和3是相邻数的基础上,让学前儿童尝试用推理的办法,自己摆出和说出4和5的相邻数(如有困难,教师辅导,方法同上)。

2. 口头游戏“找朋友”,巩固相邻数知识

教师问:“3的好朋友是几和几?”

学前儿童答:“3的好朋友是1和2。”

四、活动延伸

家长有意识地请幼儿帮助做些家务事,如请幼儿拿比什么少1的水果,摆放比什么多1的碗筷等。

活动七:加法算式的认识

一、活动目标

(1) 学习2和3的加法,认识加号、等号和加法算式,并理解其含义。

(2) 初步学习看图列算式并用恰当的语言讲述题意。

(3) 能认真观察并分析图意。

二、活动准备

材料:实物图(草地背景图、小鸡卡片若干),磁铁数字符号(1、2、+、=)若干。

三、活动过程

1. 集体活动(出示实物图)

(1) 引导学前儿童分析图意。第一幅图,什么地方有谁?(草地上有一只小鸡)第二幅图怎么讲?(又来了一只小鸡)第三幅图谁会讲?(一共有两只小鸡)谁会把三幅图连起来讲?

怎样把这件事记下来呢?草地上有一只鸡用数字几表示?又来一只鸡用数字几表示?合在一起的数量可以用哪个数字表示?(请学前儿童回答,找出数字1、2和3贴上)

(2) 认识运算符号和加法算式。这件事可以列成一个加法算式来表示:加法有个运算符号,叫加号(出示加号)。加号像什么?(请学前儿童回答)加号放在1和1的中间(反复强调),表示把1和1合起来,在算式里念作“加”。出示符号“=”,这叫“等号”,等号放在1+1的后面,在算式里读作“等于”,表示等号两边的数量相等。

“1+1=2”的算式读法是:1加1等于2。这是加法算式。这道算式是什么意思呢?大家一起说说看。

(3) 认读算式。

(4) 继续学习2+1=3(方法同上,关于符号名称,教师应转化为提问的方式让学前儿童回答)。

2. 巩固练习

(1) 每名学前儿童一套小鸡卡片,请学前儿童操作2和3的加法并用数字卡片摆出算式。

(2) 请学前儿童说一说算式的意思并读一读算式。

四、活动延伸

家长可以和幼儿共同玩“打扑克”游戏,边游戏边让幼儿说一说两张扑克上的数相加等于几。

活动八:仿编4的加法应用题

一、活动目标

(1) 学会仿编4的加法应用题,理解应用题的条件。

(2) 能结合生活情景自编加法应用题。

(3) 能大胆地讲述自己的想法。

二、活动准备

设置商店的场景,有水果店、服装店、菜市场和书店。

三、活动过程

1. 引入

教师：今天老师要和小朋友玩"商店"的游戏，你们看老师这个水果店里有什么？（苹果、梨子、香蕉）现在老师来当售货员，请一位小朋友当顾客。

师生进行"商店"游戏，请学前儿童选定一种水果，买两次。

教师：刚才小朋友先买了 1 个苹果，再买了 2 个苹果，他一共买了几个苹果？

2. 学前儿童仿编加法应用题

教师：刚才老师给小朋友提了一个什么问题？小朋友一共买了几个苹果？（3 个）

教师：小朋友们是怎么回答的？

教师：你们怎么知道一共买了 3 个苹果呢？

教师小结：教师分别把两次买的苹果数量用数卡表示出来，问题用问号表示，并出示在黑板上。

教师：刚才老师告诉小朋友顾客买了 1 个苹果（出示数字 1），后来又买了 2 个苹果（再出示数字 2）。老师告诉你们几个数字？（2 个）

教师：对，两个数字。

教师：然后老师问了一个什么问题？（一共买了几个苹果）

3. 学前儿童学习编题

教师：刚才老师给小朋友提了问题，也请小朋友给大家提问题，好不好？（教师出示教具，让学前儿童编题）

（1）出示用两个盘子装的橘子，请一位学前儿童编题，并请其他学前儿童回答。

（2）出示小鱼，请一位学前儿童编题，并请其他学前儿童回答。

教师小结：刚才这两位小朋友编题的时候也同样告诉了大家两个数字，最后也提了一个问题请大家回答。

4. 对学前儿童提出编题要求

教师：这么多的小朋友都想编题，今天老师给小朋友准备了很多东西，请小朋友玩"商店"的游戏，有的扮演售货员，有的扮演顾客，每个小朋友买完了物品，就编题目问大家，看看谁编得最好。

学前儿童分组，教师全面观察，了解学前儿童的编题情况，强调题目最后不能说出答案，而是要提出一个问题。

5. 请学前儿童编题给同伴

教师：老师这里有一张小纸条，每个小朋友根据小纸条上的物品，编题目问问其他小朋友，看谁的题目编得最好。

学前儿童之间进行互相交流。

四、活动延伸

在家中或外出散步时，家长和幼儿一起口报应用题，训练 4 以内加法应用题的编题能力。

任务二　学前儿童时间与空间概念教育活动的设计

活动一：我会看整点

一、活动目标

（1）知道时针、分针的名称及相互关系，了解时钟的用途。初步认识整点，能说出整点时间。

（2）在活动中，能认真观察，按要求进行操作。

二、活动准备

（1）较大的时钟一个、时间图片若干（如早上6点起床、中午12点吃饭）。

（2）每人一只玩具钟。

三、活动过程

1. 出示钟表，导入课题

教师：今天我带来了一只时钟，时钟有什么作用？

2. 请学前儿童观察钟面，认识钟表的结构

教师：钟面上有什么？数字怎样排列？指针有几根？它们的名称分别是什么？

教师小结：钟面上1～12的数字排成一圈，长针叫分针，短针叫时针。数字及分针、时针的作用是指示时间。

3. 演示、讲解时针与分针的运行方法、相互关系及所代表的时间

（1）教师把时针、分针都拨到12后，边拨时钟边请学前儿童观察并提问：时钟走起来的时候，时针、分针往哪边走？（时钟分针都是顺着1，2，3，4……的顺序走）时针走得快，还是分针走得快？（时针慢慢地走，分针快快地走，时针走了一个数字，从12走到1，分针走了1圈，从12回到12，就是1小时）

（2）学习看整点。给学前儿童讲解分针走到12，时针指着1，此时就是1点整。再演示几个整点时间，让学前儿童判断（如2点整、3点整等）。

4. 利用时钟模型操作练习，认识整点

（1）分别请数名学前儿童拨出6:00、7:00、8:00、9:00、10:00。说出时针指着几，分针指着几，是几点整。

教师小结：分针指着12，时针指着几，就是几点整。

（2）出示几张时间图片，先请学前儿童说出画面所指的是几点钟，小朋友在做什么，然后在时钟模型上拨出这个时间。

教师检查学前儿童的操作情况并进行讲评。

四、活动延伸

在数学区，教师将幼儿平时在整点时开展活动用图画的方式表示出来，请幼儿看到图片后拨钟面或画钟面、写时间。

活动二：区分早上、晚上

一、活动目标

结合学前儿童的日常生活对学前儿童进行时间教育，让他们掌握早上、晚上的概念。

二、活动准备

拍下反映学前儿童和家人早晨和晚上生活内容的照片数张，搜集反映在早晨和晚间工作的人们及其工作情景的图片若干。

三、活动过程

1. 早晨、晚上做什么

要丰富学前儿童对早晨、晚上家庭日常生活的经验，如可在照顾学前儿童起床、梳洗、早餐的过程中，与学前儿童交谈“早晨小朋友要做什么”。在学前儿童有一定的生活经验的基础上给他们看照片，让学前儿童说说哪些事情是早晨做的，哪些是晚上做的。为增加游戏的趣味性，教师可将照片背面朝上放在桌上，让学前儿童随意指着一张图片猜猜这是晚上的活动还是早晨的活动，若猜对了可以赢走这张图片，若猜错了则依然将图片反过来放在桌上继续游戏。

2. 早晚工作的人们

通过看图片给学前儿童介绍早起工作的人们或在晚间为大家服务的人们。若找不到合适的材料也可利用早晚带学前儿童散步的时候，引导学前儿童观察早上谁在为大家服务（如送奶工），晚上谁还在工作（或学习）。在学前儿童有了一定的经验后，可与学前儿童玩“打哑谜”的游戏——由教师扮演某种职业的人，如“送奶工”“环卫工人”“卖晚报的人”“电视主持人”等，请学前儿童说出这些人是在什么时候工作的。

3. 收看早晚的节目

选择一档早晨或晚上定点播出的电视节目，如《早间新闻》《天气预报》，请学前儿童每天记着提醒家人准时收看。

教师可在学前儿童起居及其他活动中有意识地引导学前儿童认识有关表示时间的词语，帮助学前儿童建立起他们自己的时间概念。例如，早晨代表学前儿童吃早点的时间，晚上就代表学前儿童听童话的时间等。

四、活动延伸

请幼儿与家长共同制作幼儿从早到晚的一天作息时间表。

活动三：区分上下

一、活动目标

(1) 学习以自身为中心区分上下，能正确运用方位词进行表述。

(2) 提高比较、观察的能力，愿意大胆表达自己对方位的判断。

(3) 积极参加活动，关注周围的方位问题。

二、活动准备

学前儿童在楼梯前集合。

三、活动过程

1. 指一指，说一说

教师请学前儿童指一指、说一说自己身体上面有什么，身体下面有什么，鼻子上面有什么，鼻子下面有什么……

2. 游戏“看谁指得快又对”

教师发出方位口令，如鼻子上面、脖子下面等，学前儿童快速指出相应方位，并说出所指部位名称。

3. 游戏“登楼梯”

教师：我们来玩“登楼梯”游戏。老师说“开始”才能登，一说“停”，要马上停下来。游戏开始，当学前儿童停下后，请学前儿童说说自己的上面有谁，自己的下面又有谁。

四、活动延伸

家长带幼儿到公园里游玩，和幼儿一起玩一玩跷跷板，在玩的过程中让幼儿说一说幼儿和家长的位置变化。

活动四：区分左右

一、活动目标

(1) 学习以自身及客体为中心区别左右，正确使用表示方位概念的词，体验左右方位的相对性。

(2) 能灵活、敏捷地思考、回答问题。

二、活动准备

学前儿童人手一套小动物图片(小兔、老虎、小猫、熊猫、小鸭)。

三、活动过程

1. 认识身体器官的左右

请学前儿童伸出吃饭时拿筷子的手，这是什么手？(右手)另一只手是什么手？(左手)人的五官及手足等生来是对称的。

提问：右手这边有些什么？(右眼、右耳、右腿、右脚等)

左手这边有些什么？（左眼、左耳、左腿、左脚等）

教师小结：靠左手这一边叫左边，靠右手这一边叫右边。

2. 数学游戏“听指令做动作”

第一遍指令：举起左手，举起右手，伸出右腿，伸出左腿；左手拉拉左耳，拍拍左腿，右手蒙住右眼，拍拍右腿。

第二遍指令：右手摸摸左耳，左手摸摸右耳，左手拍拍右腿，右手拍拍左腿。（教师可以灵活下指令）

3. 操作图片，学习判断左右

请学前儿童先把老虎图片放在桌子上，把小兔图片摆在老虎图片的左边，把小猫图片摆在小兔图片的左边，把熊猫图片摆在老虎图片的右边，把小鸭图片摆在熊猫图片的右边。请学前儿童相互说一说，老虎图片的左边是什么图片，右边是什么图片。（按不同顺序再操作一次）

4. 左右规律在生活中的运用

请学前儿童想一想，认识了左右在日常生活中有哪些用处。如使用筷子都用右手，大家坐在一张桌子写字时，相互不会碰着；用右手写字，比较方便（笔顺、笔画符合汉字的结构特点）等。

四、活动延伸

家长带领幼儿逛商场时，在遇到指向电梯、洗手间的箭头时，让幼儿尝试说一说是向左还是向右？

活动五：认识年月日

一、活动目标

（1）正确区分表示月、日的数字，初步学会使用年历查找日期的方法。

（2）通过查找纪念日，逐步感受年历和人们生活的密切关系。

（3）主动讲述自己的发现，愿意参加合作学习活动。

二、活动准备

1. 经验准备

（1）了解自己出生的年月；知道一些常见的节日；会写两位数字。

（2）初步知道一年有12个月以及各月份的排列顺序。

2. 物质准备

（1）学具：画有年历的材料每人4张、自己大头照1张。

（2）教具：大年历一本、日期记录卡、彩笔。

三、活动过程

1. 猜谜导入活动，知道年历的用途

教师：大大一本书，一月翻一页，翻完这本书，大家过新年。小朋友们猜猜看这是什么东西？

引导幼儿了解年历的用途，知道年历可以查找日期。

2. 观察年历，初步学会用年历查找日期

(1) 寻找年历中的年、月、日。引导幼儿通过观察年历的封面来判断年份，知道一般大数字表示月份，小数字表示日。

(2) 引导幼儿在年历上查找日期

教师：今天是几月几号？你能在这本年历上找到今天吗？如果找到，请做上记号。

教师：你是怎样找到的？

交流查找的方法，知道先找月份再找几号。

(3) 师幼共同总查找日期的方法。

3. 组织操作活动，巩固对年历中日期的认识

(1) 介绍小组活动，提出活动要求。

幼儿在年历上找到自己的生日，用水笔画出来，在那天贴上自己的照片，全班幼儿填写后制作成生日小火车布置在教室里。

(2) 幼儿现场操作，教师及时指导。

教师不断巡视，发现能力弱的幼儿及时帮助他们完成任务。

四、活动延伸

教师在数学区提供自制的操作单，鼓励幼儿观察操作单上的小朋友的生日，并在年历上找到。比一比谁大谁小。

活动六：感知前后

一、活动目标

1. 理解从前、后、侧面观察物体，感受不同方位观察物体结果的有趣。
2. 尝试在众多照片中通过观察、分析，选择出从不同方位拍出的相应照片。

二、活动准备

1. 经验准备

能以自身为中心辨别前后、左右的方向。

2. 物质准备

学具：从不同方位（前、后、侧面）拍人物、动物等不同照片若干张。

教具：数码照相机、投影仪等。

三、活动过程

1. 能认识从不同方位拍摄的照片

(1) 以评选“健康宝宝”的话题引起幼儿的兴趣。

教师：幼儿园举办评选健康宝宝的活动，要求小朋友们提供照片，有正面照、侧面照、背面照，想请你们为幼儿园这个活动做宣传，你们乐意吗？

(2) 拍照片，让幼儿理解从不同的方位拍出的照片，其色样是不同的。

教师选一位幼儿当模特，教师当摄影师分别拍出正面照、侧面照和背面照。然后将三种类型的照片展示在投影仪上，师幼共同欣赏验证。教师提问：哪一张是模特的正面照，你们是怎样看出来的？引导幼儿发现正面照特征。

2. 组织操作活动，感知不同物体的空间方位

(1) 介绍小组活动规则。

教师：摄影师们还拍了一些小动物的照片，可是不同方位拍的照片都混在一起，请小朋友帮助找一找。找的时候先看看自己站的位置，桌子上是什么颜色标志贴在相框记录单的线条处，然后再看看从站的这个方向看到的东西是什么样子的，就在小框里选择一张合适的照片贴在相框中间的长方形中。

(2) 幼儿动手操作，教师适时指导。

重点指导新游戏，引导幼儿理解从不同的角度看物体，其形态是不同的。

3. 讨论交流，幼儿进一步理解从物体的空间方位

(1) 展示个别幼儿的记录单，请他们介绍自己是如何玩选照片游戏的，有什么感受。

(2) 对游戏活动中出现的问题进行评价。

四、活动延伸

请幼儿说一说教室或自家楼房前面、后面分别有哪些东西，记录下来并和其他小朋友们交流。

任务三　学前儿童几何形体概念教育活动的设计

活动一：图形分类

一、活动目标

(1) 能把三角形、圆形、正方形分别放在一起，感知不同图形的集合。

(2) 尝试用“它们都一样”和“都是圆形(正方形、三角形)”表述分类结果。

(3) 在游戏中体验参加数学活动的快乐。

二、活动准备

(1) 每人一小筐图形，一张画有圆形、三角形、正方形的纸板。

(2) 贴有动物头饰的纸箱六个，圆形、三角形、正方形插塑片若干(大小、颜色不同)。

三、活动过程

1. 以生动的情节引起学前儿童的学习兴趣

教师：小朋友，今天班上来了很多图形宝宝，我们和图形宝宝一起做游戏吧。

2. 操作活动——“图形宝宝找家”

(1) 引导学前儿童观察材料，提出操作要求。

教师：请小朋友把圆形宝宝送到圆形家，把正方形宝宝送到正方形家……

(2) 学前儿童按形状分类，把自己小筐里的图形放到相应的图形中。

教师鼓励学前儿童讲述，如“它们都一样，都是圆形。”让学前儿童数每一种图形家里有几个图形。

3. 游戏活动——“喂动物吃饼干”

(1) 引导学前儿童观察动物嘴的形状，明确分类标准。

(2) 学前儿童把不同形状的饼干“喂”到小动物口中，要求学前儿童讲述把什么形状的饼干喂给了什么动物。

(3) 教师带领学前儿童共同检查结果，对出现的错误给予纠正。

四、活动延伸

在社会活动中，引导幼儿想出多种分类方法整理班级图书，如按照大小、厚薄、封面的软硬等不同进行整理。

活动二：有趣的三角形

一、活动目标

(1) 通过认识、操作和游戏活动，使学前儿童初步了解三角形的基本特征。

(2) 激发学前儿童对图形的兴趣，并学会目测分类。

(3) 发展学前儿童的手工操作能力和思维的敏捷性。

二、活动准备

三角形教具、三角形拼图学具每人一套，圆形、三角形、正方形的头饰每人一个，相应的实物若干。

三、活动过程

1. 导入活动

出示三角形，引发学前儿童的学习兴趣，指导学前儿童观察、分析，启发学前儿童说出并记住图形的名称和基本特征。

2. 游戏活动

请一名大班学前儿童扮演“三角形娃娃”，由他向大家介绍自己的朋友(形状与三角形相同的实物)，然后让学前儿童帮助“三角形娃娃”找朋友，巩固对三角形的认识。

3. 出示用三角形拼成的各种物体

引导学前儿童观察这些物体是由哪些几何图形组成的。

4. 用三角形拼贴图案

用大小不同的三角形拼成各种图案，鼓励学前儿童大胆想象，并将图案粘在作业纸上，然后把作品挂在活动室里做装饰，教师和学前儿童一起欣赏。

四、活动延伸

家长在日常生活中引导幼儿用小木棍、牙签、吸管、绳子等尝试围成三角形，并说一说三角形有几条边、几个角。

活动三：分类与配对认识

一、活动目标

（1）学习将图形片按颜色或形状分类摆放。

（2）按图形片的颜色或形状特征进行配对，并学习命名。

（3）喜欢参与集体游戏活动。

二、活动准备

（1）教具：红、黄、绿三种颜色的标记各一个，圆形、正方形、三角形（无色）的标记各一个；放置图形片的扁平框（或盒）若干；三个娃娃，身上分别有红色的圆形、黄色的正方形、绿色的三角形标记各一个。

（2）学具：红、黄、绿三种颜色的标记，圆形、正方形、三角形三种形状的图形片若干。

三、活动过程

1. 商店进货

（1）一起商议玩“开饼干商店”的游戏。

商店货架上只有几个空筐，还没有进货，现在先要小朋友把饼干拿来布置货架。

（2）学前儿童观察自己的小筐里有些什么饼干。看一看，讲一讲，如三角形的饼干、红色的饼干。

（3）按筐前出现的颜色标记，请一部分学前儿童把饼干分送到三个筐里，边送边说，如“我把红饼干送到红色标记的筐里，我把绿饼干送到绿色标记的筐里……”

（4）按筐前出现的形状标记，请另一部分学前儿童把饼干分送在三个筐里，边送边说，如“我把圆饼干送到圆形标记的筐里，我把方饼干送到正方形标记的筐里……”

2. 介绍饼干

（1）学前儿童看一个有颜色标记筐里的饼干，介绍这里的饼干都是哪种颜色的饼干（如都是红色的饼干），说：“要买红色的饼干到我这里来！”教师帮助补充：“要买红色的饼干可以到这里来，也可以挑选你喜欢的形状。因为这里是红色的饼干且有不一样的形状。”

（2）学前儿童看一个有形状标记筐里的饼干，介绍这里都是哪种形状的饼干（如都是方饼干），说：“要买方饼干到我这里来！”教师帮助补充：“要买方饼干可以到这里来！”

3. 学前儿童当顾客去购买饼干

（1）买两块不一样的饼干。学前儿童挑选，并让大家看一看，说一说，这两块饼干什么地方不一样。

(2) 买两块相同的饼干。让学前儿童挑选，并让大家看一看，说一说，这两块饼干什么地方是相同的。

(3) 出示三个娃娃玩具(身上有标记)，要小朋友给它们买最喜欢吃的饼干，先看一看，说一说它们各自喜欢吃的饼干。如红色的圆饼干、黄色的方饼干、绿色的三角形饼干。然后分组为三个娃娃"买"饼干。

四、活动延伸

在数学区域中，提供与教学活动内容不完全相同的吃的、穿的、玩的实物图片，鼓励幼儿继续按照用途分类。

活动四：学习二等分

一、活动目标

(1) 学前儿童通过自己的尝试与操作，学习把一个物体等分成两份，了解部分小于整体，整体大于部分的规律。

(2) 能运用二等分知识，合作解决生活中遇到的问题，体验成功的喜悦。

二、活动准备

(1) 材料纸：正方形、长方形、三角形、平行四边形、梯形纸学前儿童每人各一张，教师每种图形纸各两张；面包状圆形图片学前儿童人手一张，教师两张。

(2) 实物：花生、红枣等双数个；蛋糕、苹果、橘子各一个。

三、活动过程

1. 初步感知二等分

(1) 讲故事《笨熊新传》，导入活动。

教师：今天老师带来了一个很好听的故事，请所有的小朋友认真地听，发生了一件什么事情。

熊妈妈有两个孩子，一个叫大黑，一个叫小黑。一天，哥儿俩捡到一个香喷喷的面包。大黑怕小黑多吃一点，小黑又怕大黑多吃一点。正闹着，狐狸大婶来了，帮他们把面包分成了两块。哥儿俩一看，急得叫起来："不行，不行，一块大，一块小。"狐狸大婶说："你们别急，这块大一点的，我咬它一口。"哥儿俩一看，那块大的变小了，小的变大了，又急得叫起来："不行，不行，一块大，一块小。"狐狸大姊又说："你们别急，这块大点的，我咬它一口。"说完，又把大一点的那块面包咬掉一口，兄弟俩一看，那一块大的又变小了，小的又变大了，又大叫："不行不行，还是一块大，一块小。"狐狸大婶便又将大一点的那块面包咬掉一口。就这样，大黑、小黑只吃到了一点点面包，还不知道上了狐狸的当呢！

(2) 讨论故事，引出二等分概念。

提问：故事里讲了一件什么事情？按狐狸大婶的分法，小熊兄弟能吃到一样多的面包吗？假如请你帮忙，你会分吗？怎样才能分成一样大的两块面包呢？我们来为小熊兄弟出出主意。

引导学前儿童讨论并回答问题。

（3）学前儿童尝试二等分圆形。

教师提供圆形图片，引导学前儿童想办法把它分成一样大的两份。

教师：刚才你们为小熊兄弟想了很多种办法，老师为你们每个人都准备了一个圆形的“面包”，请你们来试一试，是不是能够帮小熊兄弟把“面包”分成一样大的两份呢？

（4）学前儿童交流圆形的等分方法。

教师：所有的小朋友都已经分好了，谁来告诉大家你是怎么分的，怎样证明你分的两份是一样的呢？

鼓励学前儿童想出各种办法加以证明。

2. 用不同的方法等分几何图形

（1）引出任务。

教师：今天老师也想请你们帮我一个忙。我今天带来了许多图形，有正方形、长方形、三角形、平行四边形、梯形，请小朋友想办法把它们分成一样大的两份。

（2）指导学前儿童等分对称图形。

要求：① 学前儿童有序地到操作区，找个空椅子坐下来，尝试各种图形的等分方法。② 分图形的时候可以和旁边的小朋友小声讨论，分完后把图形放在桌子上，安静地回到前面的位子上来。

3. 理解整体与部分的关系

（1）集体交流，学前儿童讲述正方形二等分的各种分法。

① 引导讨论：刚才小朋友们都分得很认真。谁来告诉大家，你是怎样把正方形分成一样大的两份的，怎样证明这两份是一样大的呢？还有谁用不一样的方法把正方形分成了一样大的两份呢？

② 教师和学前儿童一起重叠验证图形是否一样大，排除不是二等分的方法，加深学前儿童对二等分的理解。

③ 同法交流验证其他图形的二等分方法。

④ 教师小结：通过对折，我们把这些图形分成了一样大的两个部分，这就是二等分。

（2）引导学前儿童理解整体和部分的关系。

教师：我们刚才用不同的方法把长方形、正方形、三角形、平行四边形、梯形分成了一样大的两份。请小朋友看看分出来的一份和原来的图形比，哪个大？哪个小？分出来的一份是原来图形的多少？

4. 拓展操作，尝试解决生活中的问题

（1）提出新问题。

与学前儿童讨论：1 块面包，小熊兄弟分着吃，每人只吃到一半。如果有 2 块面包，小熊兄弟分着吃，每人吃到多少？如果有4颗红枣，兄弟俩各吃几颗？

(2) 教师提供双数的花生、红枣等，学前儿童尝试二等分。

① 提出任务。

教师：今天，熊妈妈为小熊兄弟准备了一些好吃的果子放在一个筐子里，筐子里有些什么果子呢？(学前儿童观察表述)熊妈妈说要请我们所有的小朋友来帮帮小熊兄弟一起来分一分这些果子，把所有的果子二等分。

② 学前儿童进行二等分操作，教师个别指导。

③ 检查学前儿童操作结果，提出延伸性的问题，激发学前儿童对二等分问题的持续关注。教师：我们班的小朋友真能干，帮助小熊兄弟分好了果子。我们今天又学到了一个新本领，叫作"二等分"，我们用这个本领帮助了小熊兄弟。

四、活动延伸

在数学活动区域，教师准备多种正方形、长方形纸片，要求幼儿尝试用尽可能多的方法把它们二等分，同伴之间做交流。

活动五：认识梯形

一、活动目标

(1) 认识梯形，感知梯形的基本特征。

(2) 发现环境中与梯形相似的物体，寻找生活中的梯形。

(3) 按照活动规则进行自主操作，大胆表述自己的操作结果。

二、活动准备

(1) 教具：房子图片1张；生活中含义梯形元素的图片若干张。

(2) 学具：不同形状图形片、记录单、彩笔、数字印泥、贴有梯形标记的筐1个。

三、活动过程

1. 观察图片中房子所组成的图形，比较梯形和长方形的外形特征

(1) 复习长方形。

教师：出示"房子图"，提问：这是什么？房子的身体是什么形状的？

(2) 认识梯形

教师继续提问：房顶是什么形状的？这个图形与长方形一样吗？

引导幼儿观察、比较、分析讨论后回答。

教师出示多种图形，让幼儿找出哪些是梯形？并尝试说出梯形的基本特征。

2. 寻找生活与梯形相似的图形，加深对梯形特征的理解

(1) 教师：想一想、找一找生活中哪些东西像梯形？引导幼儿根据生活经验回答，教师出示相应的图片。

(2) 教师：仔细看一看这些东西像不像梯形？教师出示梯子、台灯等图片，进一步巩固对梯形特征认识。

3. 小组操作，相互交流对梯形特征的认识

（1）介绍小组活动。

进行找梯形、给梯形涂色、送梯形回家等活动。

（2）班上交流活动感受。

教师：谁来说一说，你今天在哪里找到了几个梯形宝宝？幼儿在班上交流自己的操作结果。

四、活动延伸

教师带领幼儿到活动区域找一找与梯形相似的物体，同时建议家长有意识引导幼儿说一说日常生活中与梯形相似的物体。

活动六：比较面积大小

一、活动目标

1. 学习用数格子的方法测量面积，比较面积大小。
2. 在操作活动中感知并体验面积的守恒。
3. 提高动手操作能力，乐意探索，主动尝试。

二、活动准备

1. 教具：镜子图形、桌子图形、一个正方形、毛巾多条、床单、PPT 等。
2. 学具：镜子、桌子图形若干；方形操作卡；小框子、铅笔若干。

三、活动过程

1. 创设故事情境，引出“面积”概念

（1）教师：和小朋友们分享一个故事，故事里有一位老爷爷，他遇到了一些小麻烦，是什么麻烦呢？他又是如何解决的呢？

（2）教师出示两块大小差异较大的毛巾，提问：这两块毛巾哪块大？引导幼儿仔细观察就能知道哪块毛巾大。这种方法我们叫作目测法。

（3）教师接着出示两块大小差异较小的毛巾，再让幼儿进行比较，这时幼儿如果还用观察的方法进行比较时，很难解决问题。从而引发幼儿思考、讨论，有没有其他办法比较哪块大、哪块小？在幼儿讨论的基础上，教师把两块毛巾的一边的边角都对齐，这样就会发现问题的答案了。这种方法叫作重叠法。

师幼小结：通过刚才比较，我们知道图形有大有小，图形的大小我们叫作图形的面积。

2. 用数格子的方法测量面积大小

（1）设疑引发自主探索。

教师出示两块形状各异的毛巾。提问：谁有方法来比较它们的大小呢？幼儿们跃跃欲试，尝试用观察法、重叠法解决，都不能奏效。这时急需要寻找新的办法。

（2）学习测量方法。

教师：让我们来看看聪明的爷爷是用什么办法比较两张大小不一的床。（播放PPT）

师幼小结：床越大，能铺下的坐垫块数就越多；床越小，能铺下的坐垫块数就越少。

3. 幼儿动手操作，感知面积守恒

（1）比一比谁的镜子大。

幼儿尝试用数小方格的方法比较镜子面积的大小。

（2）比一比谁的桌子大。

同样用 8 块"垫子"拼出来的桌子，虽然摆放的形状不同，但是面积大小却一样。（渗透面积守恒的概念）

四、活动延伸

教师出示两块"床单"进行提问：小朋友们猜一猜，到底哪个床单比较大？带领幼儿到区域活动中比一比看。

参考文献

[1] 金浩,黄瑾.学前儿童数学教育[M].上海:华东师范大学出版社,1999.

[2] 王银玲.幼儿园数学教育与活动设计[M].长春:长春出版社,2013.

[3] 张慧和,张俊.幼儿园数学教育[M].北京:人民教育出版社,2004.

[4] 梅纳新.学前儿童数学教育[M].上海:复旦大学出版社,2012.

[5] 朱利欣.蒙特梭利儿童敏感期数学能力培养[M].北京:中国人口出版社,2013.

[6] 周欣,黄瑾,杨宗华.幼儿园综合课程中的数学教育[M].南京:南京师范大学出版社,2012.

[7] 马云鹏,孔凡哲,张春莉.数学教育测量与评价[M].北京:北京师范大学出版社,2009.

[8] 孙汀兰.学前儿童数学教育理论与实践[M].北京:科学出版社,2009.

[9] 张红兵,等.数学教育理论与实践[M].北京:北京理工大学出版社,2007.

[10] [美]王懿颖,等.幼儿数学与科学教育[M].北京:北京师范大学出版社,2011.

[11] [美]阿林·普莱瑞.幼儿园科学探究教学:科学、数学与技术的融合.霍力岩,等译.北京:教育科学出版社,2009.

[12] [美]罗莎琳德·查尔斯沃斯.3～8岁儿童的数学经验[M].潘月娟,译.北京:人民教育出版社,2007.

[13] 曹才翰,章建跃.数学教育心理学[M].北京:北京师范大学出版社,1999.

[14] 陈瑞清.数学教育实验与教育评价概论[M].北京:北京师范大学出版社,2010.

[15] 张红兵,等.数学教育理论与实践[M].北京:北京理工大学出版社,2007.

[16] 沈南山.数学教育学[M].北京:中国科学技术大学出版社,2012.

[17] 李军华.学前儿童数学教育活动指导[M].西安:陕西师范大学出版总社有限公司,2013.

[18] 郑慧俐,李晖.学前儿童数学教育[M].南京:南京师范大学出版社,2014.

[19] 周欣,黄瑾,杨宗华.幼儿园综合课程中的数学教育[M].南京:南京师范大学出版社,2016.

[20] 张俊.数学教育[M].南京:南京师范大学出版社,2016.

[21] 赵岭.幼儿园数学活动指导手册[M].南京:南京师范大学出版社,2016.

[22] 蔡旺庆.幼师生说课、微型课与模拟授课技能训练[M].南京:南京大学出版社,2019.

[23] 蔡旺庆.探究式教学的理论、实践与案例[M].南京:南京大学出版社,2015.

[24] 蔡旺庆.学前儿童数学教育[M].北京:中央广播电视大学出版社,2016.

[25] 阮素莲.幼儿园课程概论[M].北京:高等教育出版社,2014.